Mohammed Ibn Ishak

Das Leben Mohammeds
Mit einem Vorwort von Christiane Beetz

Aus Fraktur übertragen

Ibn Ishak, Mohammed: Das Leben Mohammeds
Hamburg, SEVERUS Verlag 2014
Nachdruck der Originalausgabe von 1916

ISBN: 978-3-86347-849-0
Druck: SEVERUS Verlag, Hamburg, 2014

Der SEVERUS Verlag ist ein Imprint der Diplomica Verlag GmbH.

Bibliografische Information der Deutschen Nationalbibliothek:
Die Deutsche Nationalbibliothek verzeichnet diese Publikation in der Deutschen Nationalbibliografie; detaillierte bibliografische Daten sind im Internet über http://dnb.d-nb.de abrufbar.

© **SEVERUS Verlag**
http://www.severus-verlag.de, Hamburg 2014
Printed in Germany
Alle Rechte vorbehalten.

Der SEVERUS Verlag übernimmt keine juristische Verantwortung oder irgendeine Haftung für evtl. fehlerhafte Angaben und deren Folgen.

SEVERUS

Vorwort

Aller guten Dinge sind Drei – auf dieses Buch trifft das besonders zu. Drei Männer sind maßgeblich an dem vorliegenden Text beteiligt: der Autor Mohammed Ibn Ishak, der Herausgeber Abd al-Malik Ibn Hischam und der Übersetzer Gustav Weil, später auch weitere Übersetzer. Ohne sie würde eine der bekanntesten Biographien über den islamischen Propheten Mohammed nicht mehr zugänglich sein.

„Das Leben Mohammeds" gilt als die erste Biographie über den Propheten des Islam. Verfasst hat sie der 704 in Medina geborene islamische Historiker Mohammed Ibn Ishak. Schon sein Großvater war ein bekannter Ausleger der prophetischen Hadithe, der überlieferten Aussprüche Mohammeds. Im Jahre 733 zog Ibn Ishak nach Alexandria, wo er sich der Geschichte des Propheten widmete. Nachdem er 749 nach Medina zurückgekehrt war, geriet er mit den dortigen Machthabern in Streit, welche ihm z. B. vorwarfen, dass er Berichte für seine Biographie von Juden und Christen übernommen habe. Sie befürchteten, dass dadurch die tatsächlichen Ereignisse verfälscht dargestellt werden könnten. Nur ein Jahr später wanderte Ibn Ishak deshalb nach Bagdad aus, wo er 768 starb. Der Orientalist Josef Horovitz bescheinigt Ibn Ishak allerdings gute Recherchearbeit:

„Das Traditionsmaterial, das ihm von seinen Lehrern überliefert worden war und das er mit zahlreichen von ihm selbst gesammelten Feststellungen erweiterte, stellte Ibn Ishak zu einer wohlgeordneten Darstellung des Lebens des Propheten zusammen."

Diese Biographie des Ibn Ishak ist allerdings nicht im Original erhalten. Über einen seiner Schüler gelangte eine Abschrift ca. 100 Jahre später zu Abd al-Malik Ibn Hischam, einem ebenfalls erfolgreichen arabischen Historiker. Er übernahm den Text von Ibn Ishak zum größten Teil wörtlich. Lediglich einige Anmerkungen, z. B. zu schwierigen Begriffen, wurden von ihm eingefügt, wobei er diese immer als solche kennzeichnete. Allerdings verkürzte Ibn Hischam die Texte, indem er die Zeit vor und nach dem Leben Mohammeds, in denen der Prophet selbst nicht erwähnt wurde, und Texte, die auf den Leser ‚beleidigend' wirken könnten, entfernte.

Den Text des Ibn Hischam übersetzte der deutsche Orientalist Gustav Weil 1864. Als Berufsziel hatte dieser eigentlich vor, Rabbiner zu werden. Doch er studierte lieber Geschichte und Philosophie an der Universität Heidelberg. Weil arbeitete als Zeitungskorrespondent von 1830 bis 1835 in Algier und Kairo und vertiefte in dieser Zeit seine Kenntnisse der arabischen und anderer orientalischer Sprachen. 1836 promovierte er in Tübingen und habilitierte in Heidelberg. Dort erhielt er einen Lehrauftrag und war gleichzeitig als Bibliothekar tätig. 1845 erhielt Weil als erster Jude an einer deutschen Universität eine Professur und unterrichtete Orientalische Sprachen. Bekannt geworden ist Weil durch die erste vollständig aus dem Urtext übersetzte Ausgabe von ‚1001 Nacht'.

Die vorliegende Textausgabe der Biographie Mohammeds schlägt einen Bogen von der Geburt bis zum Tod des Propheten und überdies zu seinen Nachfolgern. Dabei gleicht der Stil eher einer Erzählung, die gespickt ist mit Wunderberichten, als einer sachlichen Dokumentation:

„Als Gott Mohammed ehren und ihn zum Propheten weihen wollte, ging er eines Tages wegen eines Geschäftes aus und blieb so lange, daß man ihn allenthalben vermißte ... und sooft er an einem Baum oder an einem Stein vorüberging, riefen sie: Heil dir, Gesandter Gottes!"

Die Biographie verbindet geschickt Ereignisse, die auch im Koran zu finden sind, mit ganz eigenen Berichten. Ibn Ishak war es wichtig, dass der Text niemals beleidigend oder ablehnend gegenüber dem Propheten und dem Islam geschrieben ist. Sein späterer Herausgeber Ibn Hischam hat deshalb noch einige Textpassagen entfernt. Doch trotz dieser Vorgaben wurde versucht, den Propheten als Mensch und nicht als übernatürliches Wesen zu beschreiben.

Ibn Ishak ist eine unterhaltsame Biographie Mohammeds gelungen, die auf leichte Art einen Einblick in das Leben des islamischen Propheten gibt. Dank der Bearbeitung durch Ibn Hischam ist uns das Werk erhalten geblieben. Gustav Weil schließlich hat es verstanden, den erzählerischen Stil des Originals beizubehalten. Ohne sich in Daten und glanzlosen Beschreibungen zu verfangen, fängt das Buch die Atmosphäre ein, in der der Prophet Mohammed aufwuchs, lebte und lehrte.

Christiane Beetz, Hamburg im November 2011

Christiane Beetz, geb. 1965 in Hamburg, studierte Germanistik, Religionswissenschaft und Alte Geschichte. Nach einigen Jahren im Buchhandel arbeitete sie als Lektorin. Außerdem ist sie ausgebildete Prädikantin und schreibt freiberuflich für die „Evangelische Zeitung".

Das Leben Mohammeds

nach Mohammed Ibn Ishak

Inhalt

Vor der Berufung 13
Die Berufung und die ersten Gläubigen 28
Der Prophet in Mekka 39
Die Hedschra 61
Der Prophet in Medina 77
Der Sieg des Islam in ganz Arabien 105
Mohammeds Tod 125

Vor der Berufung

Der Stifter der Religion des Islam, Mohammed Ibn (Sohn des) Abd Allah, wurde um 570 nach Christus zu Mekka in der westarabischen Küstenlandschaft Hedschas geboren. In Mekka befand sich das alte Nationalheiligtum der Araber, die Kaaba. In ihr wurden der angeblich vom Himmel gefallene schwarze Stein und sonstige Symbole, wie die der Göttinnen Lat und Uzza, aufbewahrt. Man wallfahrtete zu ihr aus ganz Arabien. Die Mekkaner und zumal der mächtige Stamm der Kureischiten, dem die Hut der Kaaba anvertraut war, genossen dadurch Ansehen und Schutz für ihre Handelskarawanen. Mohammed gehörte selbst zum Stamm Kureisch, aber seine Familie war arm. Erst die Heirat mit der reichen Chadidjeh begründete seine soziale Stellung. Um die Jugend des künftigen Propheten wob die gläubige Phantasie bald einen reichen Legendenkranz.

Aminah, die Mutter des Propheten

Man berichtet - Gott ist allwissend - Aminah, die Tochter Wahbs, habe erzählt: Als sie mit dem Gesandten Gottes schwanger war, sei ihr ein Geist erschienen, der ihr gesagt habe: „Du bist mit dem Herrn dieses Volker schwanger, sage bei seiner Geburt: Ich stelle ihn unter den Schutz des Einzigen, daß er ihn vor der Bosheit aller Neider bewahre, und nenne ihn Mohammed!" Sie soll auch während ihrer Schwangerschaft ein aus ihr hervorstrahlendes Licht bemerkt haben, bei welchem man die Schlösser von Bostra in Syrien sehen konnte. Noch während der Schwangerschaft Aminahs starb Abd Allah, der Sohn Abd Almuttalibs, der Vater des Gesandten Gottes.

Die Geburt des Gesandten Gottes

Als Mohammed geboren war, schickte seine Mutter nach Abd Almuttalib und ließ ihn bitten, den Knaben zu sehen. Er kam, und sie erzählte ihm, was sie zur Zeit der Schwangerschaft gesehen, was ihr über ihn gesagt worden und wie sie ihn nennen sollte. Man glaubt, Abd Almuttalib habe ihn dann genommen und nach der Kaaba getragen und Gott für diese Gabe gedankt, dann brachte er ihn wieder seiner Mutter zurück und suchte nach Ammen für ihn.

Die Erzählungen der Amme Mohammeds

Die Amme war eine Frau von den Benu Saad, welche Halimeh hieß. Sie war Tochter des Abu Dsueib, welcher Abd Allah hieß. Djahm Jbn Abi Djahm, ein Freigelassener des Harith Ibn Hatib Aldjumahi, hat mir berichtet, Halimeh habe erzählt: „Ich verließ meine Heimat mit meinem Gatten und einem Säugling und andern Frauen von den Benu Saad, welche auch Säuglinge suchten, in einem Hungerjahre, das uns nichts übrig ließ; ich ritt auf einer scheckigen Eselin, und wir hatten eine Kamelin bei uns, die keinen Tropfen Milch gab, wir konnten die ganze Nacht nicht schlafen, denn der Kleine weinte vor Hunger, und weder ich noch unsre Kamele hatten Milch genug, um ihn zu stillen. Wir hofften aber auf Hilfe und Erlösung, ich ritt daher auf meiner Eselin und hielt die Karawane oft auf; weil sie so schwach und elend war, daß es jener unangenehm wurde, die wir endlich nach Mekka kamen, um Säuglinge zu suchen. Der Gesandte Gottes wurde allen Frauen angeboten, aber keine wollte ihn nehmen, sobald sie hörte, daß er ein Waisenkind, denn wir erwarteten Geschenke vom Vater des Säuglings und dachten, was wird wohl eine Mutter und ein Großvater für uns tun. Als aber alle anderen Frauen Säuglinge gefunden hatten und wir wieder heimreisen wollten, sagte ich zu meinem Gatten: Bei Gott, ich gehe nicht gern ohne Säugling mit meinen Gefährtinnen zurück, ich werde dieses Waisenkind nehmen." Er erwiderte: „Es wird die nichts schaden, wenn du ihn nimmst, vielleicht wird uns Gott durch ihn segnen." Ich nahm ihn also aus keinem anderen Grunde, als weil ich keinen anderen gefunden hatte, und brachte ihn zu meinem Reittiere hin. Als ich ihn an meinen Busen legte, fand er so viel Milch, bis er satt war, und auch sein Milchbruder trank, bis er genug hatte; dann schliefen beide ein, während wir bisher nie wegen des Säuglings schlafen konnten. Dann ging mein Gatte zur Kamelin, sie war von Milch angeschwollen, und er molk so viel, daß er und ich vollständig satt waren und wir die angenehmste Nacht hatten. Am folgenden Morgen sagte mir mein Gatte: „Wisse, Halimeh, bei Gott, du hast ein gesegnetes Geschöpf mitgenommen." Ich erwiderte: „Bei Gott! Ich hoffe es". Dann reisten wir ab, ich nahm ihn zu mir auf meine Eselin, welche jetzt so schnell sprang, daß die Mitreisenden auf ihren Eseln nicht nachkommen konnten, so daß sie mich ersuchten, auf sie zu warten, und mich fragten, ob dies nicht dieselbe Eselin sei, auf welcher ich gekommen. Und als ich ihre Frage bejahte, sagten sie: „Bei Gott! Mit der hat es seine besondere Bewandtnis."

Als wir in unsere Wohnung im Lande der Benu Saad kamen, welches das unfruchtbarste aller Länder war, so kam mir doch des Abends mein Vieh gesättigt und mit Milch angefüllt entgegen, wir hatten Milch im Überfluß zu trinken, während andere Leute keinen Tropfen zu melken hatten, so daß manche Anwesende zu ihren Hirten sagten: „Wehe euch! Lasset euer Vieh dort weiden, wo der Hirt das der Tochter Abu Dsueibs weiden lässt! Aber dem ungeachtet kam das meinige gesättigt und von Milch angefüllt zurück, während das ihrige hungrig blieb und keinen Tropfen Milch gab. So fanden wir in allem Gottes Segen und Überfluß, bis zwei Jahre vorüber waren, da entwöhnte ich ihn, und er war so kräftig herangewachsen wie kein anderer Knabe. Wir brachten ihn dann seiner Mutter, wünschten aber, daß er noch bei uns verbleiben möchte, wegen des Segens, den er uns gebracht. Ich sagte daher zu seiner Mutter: „Möchtest du doch dein Söhnchen bei uns lassen, bis es noch stärker wird, denn ich fürchte, die schlechte Luft Mekkas möchte ihm schaden." Wir drangen dann so lange in sie, bis sie ihn uns wieder zurückgab.

Einige Monate nach unserer Rückkehr, als er hinter unserem Hause mit seinem Bruder beim Vieh war, kam dieser eilig zu uns und sagte: „Zwei weißgekleidete Männer haben meinen Bruder, den Kureischiten ergriffen und zu Boden gestreckt, und ihm den Leib aufgeschnitten, und darin herumgewühlt." Ich lief mit seinem Vater zu ihm, und da wir ihn ganz entstellt fanden, nahten wir uns ihm und fragten, was ihm widerfahren. Er antwortete: -Es sind zwei weißgekleidete Männer auf mich zu gekommen und haben mich hingestreckt und meinen Leib gespalten und etwas darin gesucht, ich weiß nicht was." Wir brachten ihn in unser Zelt, und sein Vater sagte mir: „Ich fürchte, dieser Knabe ist von bösen Geistern geplagt, bring' ihn seiner Familie zurück, ehe es bekannt wird."

Wir reisten mit ihm zu seiner Mutter, und sie sagte: „O Amme! Was führt dich hierher? Du wünschtest doch so sehr den Säugling länger zu behalten?" Ich antwortete: „Gott hat meinen Sohn heranwachsen lassen, ich habe das meinige getan und fürchte, es möchte ihm ein Unglück widerfahren, darum bringe ich dir ihn, nach deinem Wunsche, zurück." Aminah versetzte: „So verhält es sich nicht, sage mir die Wahrheit!" Sie drang dann so lange in mich, bis ich ihr alles erzählt hatte. Da sagte sie: „Fürchtest du, er sei von einem bösen Geiste besessen?" Und als ich „ja" sagte, versetzte sie: „Niemals, bei Gott! Satan findet keinen Zugang zu ihm, denn er wird einst eine hohe Stellung einnehmen; soll ich dir von ihm erzählen? Als ich „ja" sagte, fuhr sie fort: „Als ich schwanger wurde, sah ich ein Licht von mir ausstrahlen, so hell, daß es die Schlösser von Bostra in Syrien beleuchtete. Meine Schwangerschaft war so leicht und angenehm, wie ich noch nie eine hatte. Als ich ihn gebar, streckte er die Hände auf den Boden und hob den Kopf gen Himmel, doch lasse ihn jetzt und kehre gut heim!"

Tod Aminahs und Leben Mohammeds bei seinem Großvater Abd Almuttalib

Der Gesandte Gottes lebte unter Gottes Beistand und Schutz bei seiner Mutter und seinem Großvater, und Gott ließ ihn als eine schöne Pflanze aufwachsen, zu dem in seiner Gnade vorgesteckten Ziele. Als er aber sechs Jahre alt war, starb seine Mutter. Der Gesandte Gottes lebte dann bei seinem Großvater Abd Almuttalib. Dieser hatte sein Bett in der Nähe der Kaaba, seine Söhne saßen um das Bett herum und warteten, bis er kam, aber keiner setzte sich auf das Bett, aus Ehrfurcht vor ihm. Einst kann der Gesandte Gottes, als er noch ein kleiner Knabe war, und setzte sich auf das Bett; seine Oheime wollten ihn wegschieben, aber Abd Almuttalib sagte: „Lasset meinen Sohn! Bei Gott, er wird einst einen hohen Rang einnehmen. Er ließ ihn dann bei sich sitzen und sich den Rücken von ihm streicheln, und was er tat, freute ihn. Als der Gesandte Gottes acht Jahre alt war, starb Abd Almuttalib.

Wie sich Abu Talib des Gesandten angenommen hat

Nach dem Tode Abd Almuttalibs kam der Gesandte Gottes zu seinem Oheim Abu Talib, welchem ihn, wie man glaubt, Abd Almuttalib empfohlen hatte, weil sein Vater Abd Allah ein Doppelbruder Abu Talibs war, denn beider Mutter war Fatimah, Tochter des Amr Ibn Aids. Abu Talib sorgte für den Gesandten Gottes nach dem Tode seines: Großvaters und behielt ihn stets bei sich.

Vom Weissager aus dem Stamme Lihb

Ein Mann aus dem Stamme Lihb, der ein Weissager war, kam oft nach Mekka und prophezeite den Jungen, welche ihm die Kureischiten brachten. Als auch Abu Talib mit seinen Jünglingen kam, erblickte jener den Gesandten

Gottes, dann wurde sein Blick durch was anderes von ihm abgezogen. Als er damit fertig war, fragte er wieder nach ihm und wollte ihn herbeigeholt haben. Als aber Abu Talib sah, wie gierig er sich nach ihm umsah, verbarg er ihn. Da sagte jener: „Wehe euch! Bringet mir den Jungen wieder, den ich vorher gesehen, bei Gott, er wird einen hohen Stand einnehmen." Abu Talib ging aber mit ihm weg.

Vom Mönch Bahirah

Später machte Abu Talib eine Handelsreise mit einer Karawane nach Syrien, und als er auf dem Punkte war abzureisen, schmiegte sich der Gesandte Gottes so zärtlich an ihn, daß er weich wurde und sagte: „Bei Gott, ich nehme ihn mit und trenne mich nie mehr von ihm," oder etwas Ähnliches. Er reiste also mit ihm ab, und sie stiegen wie gewöhnlich in der Nähe der Zelle eines Mönchs ab, welcher Bahirah hieß; er war mit den Schriften der Christen bekannt und wohnte von jeher in dieser Zelle, in welcher ein Buch war, aus dem sich die Mönche belehrten und das sich von einem auf den anderen forterbte. Sooft sie auch früher herbeigekommen waren, hatte sie der Mönch nie angeredet, noch sich ihnen vorgestellt, diesmal aber ließ er eine Mahlzeit bereiten, weil, wie man glaubt, er von seiner Zelle aus gesehen, wie eine Wolke den Gesandten Gottes mitten unter der Karawane beschattete und wie auch diese Wolke den Baum beschattete, unter welchem er sich mit der Karawane niedergelassen hatte, und wie die Zweige des Baumes sich zum Gesandten Gottes herabneigten, um ihn besser zu schützen. Als die Mahlzeit bereit war, sandte Bahirah zur Karawane und ließ sie alle, jung und alt, Sklaven und Freie, einladen. Dann sagte einer der Kureischiten: „Es ist auffallend, daß du, sooft wir vorüber kamen, uns nie Ähnliches erwiesen hast, warum gerade heute?" Bahirah antwortete: „Es ist so, doch ihr seid Gäste, ich will euch einmal mit meinem Mahle ehren, dem ihr alle beiwohnen sollt." Sie gingen nun insgesamt zu ihm, nur der Gesandte Gottes blieb wegen seiner Jugend unter dem Baume im Lager zurück.

Als Bahirah den, an welchem er gewisse Merkmale erkannte, nicht unter den Gästen fand, sagte er: „Ihr Kureischiten, es darf keiner von euch zurückbleiben." Sie erwiderten: „Es ist keiner zurückgeblieben, der hier noch an seinem Platze wäre, nur ein Knabe, der Jüngste der ganzen Karawane, ist im Lager zurückgeblieben. Er versetzte hierauf: „Rufet ihn, er soll auch mit euch essen." Da sagte einer der Kureischiten: „Bei Lat und Uzza, es ist nicht recht von uns, den Sohn Abd Allahs zurückzulassen." Er begab sich daher zu ihm, umarmte ihn und setzte ihn zu den anderen. Bahirah warf einen scharfen Blick auf ihn und sah nach den Merkmalen, die er an seinem Körper zu finden glaubte. Als die Mahlzeit zu Ende war und die Leute sich zerstreuten, stellte sich Bahirah vor ihn hin und beschwor ihn bei Lat und Uzza, ihm seine Frage zu beantworten. – Er beschwor ihn bei Lat und Uzza, weil die Kureischiten so zu tun pflegten. – Man glaubt, der Gesandte Gottes habe ihm gesagt: „Frage mich nicht bei Lat und Uzza denn, bei Gott, nichts ist mir verhasster als diese Götzen. Da sagte Bahirah: „Nun, so beschwöre ich dich bei Gott meine Fragen zu beantworten." Mohammed erwiderte: „Frage, was dir gut dünkt!" Da fragte er ihn über seinen Zustand im Schlafe, über seine äußere Beschaffenheit und andere Dinge. Der Gesandte Gottes gab ihm über alles Auskunft und es stimmte mit dem überein, was Bahirah von ihm wusste. Dann betrachte er seinen Rücken, und er fand zwischen seinen Schultern, an der Stelle, wo es beschrieben war, das Siegel des Prophetentums. Es sah wie das Mahl von einem Schröpftopfe aus.

Als er dies getan hatte, ging er zu Abu Talib und fragte: „Wie ist dieser Knabe mit dir verwandt!" Er antwortete: „Er ist mein Sohn." „Er ist nicht dein Sohn, dieser Knabe braucht keinen Vater mehr zu haben." „Nun, er ist mein Neffe." „Und sein Vater?" „Er ist während der Schwangerschaft seiner Mutter gestorben." „Du hast wahr gesprochen; geh jetzt mit dem Knaben nach hause und nimm ihn vor den Juden in acht, denn bei Gott, wenn sie ihn sehen und erkennen wie ich, so werden sie ihm Böses anzutun suchen, denn dein Neffe hier wird einst einen hohen Rang einnehmen, darum eile mit ihm in die Heimat zurück!" Abu Talib tat so, sobald seine Geschäfte in Syrien abgemacht waren.

Wie der Gesandte Gottes heranwuchs

Der Gesandte Gottes wuchs dann heran, und Gott beschirmte und bewahrte ihn vor den Irrtümern des Heidentums, weil er ihn zu seinem Gesandten bestimmt hatte, und so wurde er der ausgezeichnete Mann an Ritterlichkeit, schönen Manieren und edler Abstammung. Er war der angenehmste Nachbar, der Sanfteste, Wahrhaftigste und Treueste, und er hielt sich fern von allen bösen Eigenschaften, die den Mann erniedrigen, und war so erhaben darüber und vereinigte in sich so viele Tugenden, daß er unter seinem Volke „der Treue" genannt wurde.

Wie der Gesandte Gottes Chadidjeh heiratet

Als Mohammed fünfundzwanzig Jahre alt war, heiratete er Chadidjeh, Tochter des Chuweiled.

Chadidjeh war eine angesehene Kaufmännin, welche Männer mit ihrem Gut Handel treiben ließ, denen sie dann einen Anteil am Gewinn gab. Die Kureisch waren ein handeltreibender Stamm. Als sie von der Treue, Wahrhaftigkeit und den guten Sitten Mohammeds hörte, sandte sie nach ihm und schlug ihm vor, nach Syrien zu reisen, um dort mit ihrem Gut Handel zu treiben, und versprach ihm, mehr als anderen Kaufleuten zu geben. Mohammed ging auf den Vorschlag ein und reiste mit ihrem Gut, in Begleitung eines Dieners Chadidjehs, welcher Meisara hieß, nach Syrien. Als er sich unter dem Schatten eines Baumes, in der Nähe der Zelle eines Priesters, niedergelassen hatte, fragte dieser Meisara, wer der Mann unter dem Baume sei. Meisara antwortete: „Es ist ein Kureischite, ein Bewohner des heiligen Gebiets." Da sagte der Priester: „Unter diesem Baum hat sich nie ein anderer als ein Prophet niedergelassen." Als Mohammed die mitgebrachten Waren verkauft und andere eingekauft hatte, kehrte er mit Meisara nach Mekka zurück. Dieser sah, wie man glaubt, während der Mittagshitze zwei Engel, welche Mohammed, der auf seinem Kamele saß, beschatteten. Als sie in Mekka angelangt waren, verkaufte Chadidjeh die Waren, die er gebracht hatte, und sie fand ihr Gut verdoppelt, oder nahezu. Auch erzählte ihr Meisara, was der Priester gesagt hatte und was er von den ihn beschattenden Engeln gesehen. Als Chadidjeh, welche eine anständige, edle und gute Frau war, die Gott zu hoher Gnade bestimmt hatte, dies hörte, ließ sie Mohammed rufen und sagte ihm, wie man glaubt: „Mein Vetter, ich liebe dich wegen deiner Verwandtschaft mit mir, wegen deines Ansehens unter deinem Volke sowie wegen deiner Treue, Wahrhaftigkeit und guten Sitten." Zuletzt trug sie sich ihm als Gattin an. Chadidjeh war damals die angesehenste der Frauen Kureischs, sowohl durch Abstammung als wegen ihres großen Reichtums, so daß ein jeder aus ihrem Volke lüstern, nach ihr war. Mohammed teilte Chadidjehs Antrag seinen Oheimen mit; sein Oheim Hamza Ibn Abd Almuttalib ging mit ihm zu Chuweiled Ibn Asad und hielt für ihn um dessen Tochter an, und die Ehe wurde geschlossen. Als Morgengabe gab ihr Mohammed zwanzig junge Kamele.

Dies war die erste Frau, welche Mohammed heiratete, und bis zu ihrem Tode heiratete er keine zweite. Sie war die Mutter aller seiner Kinder, mit Ausnahme Ibrahims. Sie gebar ihm Alkasim, daher, der Abu-l-Kasim[1] genannt wurde, Attejjib, Zeineb, Rukejjeh, Umm Kolthum und Fatimeh. Alkasim war der älteste seiner Söhne, dann kam Attejjib, dann Attahir. Die älteste der Töchter war Rukejjeh, dann Zeineb, dann Umm Kolthum, dann Fatimeh. Die drei Söhne starben noch im Heidentume, die Töchter aber erreichten alle den Islam,

---

[1] Vater des Kasim.

bekannten sich zu demselben und wanderten mit ihrem Vater aus.[2]

Ibrahims Mutter war Maria, die Koptin. Abd Allah Ibn Wahb hat uns von Ibn Lahia erzählt, Maria, die Mutter Ibrahims, die Sklavin des Gesandten Gottes, welche ihm Almukaukas geschenkt hatte, war aus Hafn, im Bezirk Anssina.

Chadidjeh, die Tochter Chuweileds, hatte ihrem Vetter Waraka Ibn Naufal erzählt, was ihr Meisara von den Worten des Priesters und von den Mohammed beschattenden Engeln mitgeteilt hatte. Waraka, der ein gelehrter Christ war, welcher die Schrift gelesen hatte, sagte ihr: „Wenn das wahr ist, so ist Mohammed der Prophet dieser Nation, denn ich weiß, daß ein Prophet dieser Nation zu erwarten ist, und daß jetzt die Zeit dazu gekommen ist (oder wie er sonst gesagt hatte), denn er hatte schon lange darauf gewartet und gesagt: „Wie lange wird es noch dauern?"

Wie Mohammed in Betreff des heiligen Steines zwischen den Kureischiten einen Streit schlichtet

Als Mohammed fünfunddreißig Jahre alt war, beschlossen die Kureischiten, die Kaaba wieder aufzubauen; sie war nämlich nur so hoch wie ein Mann und bestand nur aus übereinandergelegten Steinen, doch scheuten sie sich, sie einzureißen, sie wollten sie aber erhöhen und bedecken, denn der Schatz der Kaaba, der in einem Brunnen im Inneren derselben verborgen lag, war gestohlen worden, doch hatte man ihn bei Duweit, einem Freigelassenen der

---

[2] Von Mekka nach Medina.

Benu Muleih, wiedergefunden; man glaubt aber, dass andere ihn gestohlen und bei Duweit niedergelegt haben. Das Meer hatte kurz vorher ein Schiff, das einem griechischen Kaufmanne gehörte, an die Küste von Djidda[3] geworfen, so daß es scheiterte. Die Araber hatten das Holz vom Schiffe genommen und wollten es zum Dache der Kaaba verwenden. Auch war in Mekka ein Kopte[4], welcher Zimmermann war und ihnen alles herrichtete, wie es zweckmäßig war. In dem Brunnen der Kaaba, in welchen man jeden Tag Speisen warf, war eine Schlange, die auf der Mauer der Kaaba sich sonnt, und die man sehr fürchtete, denn sobald sich ihr jemand näherte, erhob sie sich, wisperte und sperrte den Mund weit auf. Eines Tages als sie sich wie gewöhnlich auf der Mauer der Kaaba sonnte, sandte Gott einen Vogel, der sie wegschleppte; da sagten die Kureisch: "Wir hoffen, dass Gott unsere Absicht billigt. Wir haben einen Arbeiter als Freund, wir haben Holz, und nun hat uns Gott auch vor der Schlange Ruhe geschaffen." Als sie nun den Entschluss gefasst hatten, die Kaaba einzureißen und wieder aufzubauen, ging Abu Wahb und hob einen Stein von der Kaaba weg, er entwich aber aus seiner Hand und kehrte wieder an seine Stelle zurück. Da rief er: „O ihr Kureischiten, bringet, nur reines Gut zum Bau der Kaaba, nichts durch Betrug, Gewalt oder Wucher Erworbenes."

Die Kureisch teilten dann die Kaaba unter sich, die Seite der Tür fiel den Söhnen Abd Menafs und Zurah zu, der Teil zwischen dem schwarzen und jemenitischen[5]

---

[3] Der Hafenplatz von Mekka am Roten Meer.
[4] Ägypter.
[5] Jemen, die südwestliche Landschaft Arabiens.

Pfeiler den Benu Machzum und anderen zu ihnen gehörenden Kabilen[6] von Kureisch, der hintere Teil der Kaaba den Benu Djumah und Sahm, den Söhnen Umrs, die nördliche Mauer den Benu Abd Eddar, den Benu Abd Asad und den Benu Adij. Indessen scheuten sich die Leute, die Kaaba einzureißen, und hielten sich fern davon. Da sagte Alwelid Ibn Mughira: „Ich will den Anfang machen." Er nahm dann die Hacke, stellte sich vor die Kaaba und rief: „Gott! Lasse keinen Schrecken entstehen. Gott! Wir wollen nur Gutes." Hierauf fing er an, bei den beiden Pfeilern einzureißen. Die übrigen warteten die ganze Nacht und sagten: „Wir wollen sehen, wenn ihm ein Unglück widerfährt, lassen wir es sein, wenn nicht, so ist Gott unserem Vorhaben günstig." Am folgenden Morgen, als Alwelid das Einreißen fortsetzte, folgten auch die anderen seinem Beispiele, bis man auf die Grundsteine kam, die noch von Ibrahim herrühren, da fand man grüne Steine, die in Form eines Kamelhöckers fest übereinander geschichtet waren. Die Kureischiten trugen dann die Steine zusammen zum Bau der Kaaba, jede Kabileh gesondert, und sie bauten fort bis an die Stelle des heiligen Steines, da entspann sich ein Streit, denn jede Kabileh wollte ihn wieder einlegen, bald schieden sie sich auseinander, schlossen Bündnisse und bereiteten sich zum Kampfe vor. Die Benu Abd Eddar brachten eine Pfanne mit Blut und schlossen ein Bündnis mit den Benu Adij, bei welchem sie sich Treue bis zum Tode schwuren, dabei tauchten sie ihre Hände in das Blut, das in der Pfanne war.

---

[6] Teilstämme, Einzahl: Kabileh.

Dieser Zustand dauerte vier oder fünf Tage; dann versammelten sie sich in der Moschee und berieten sich miteinander. Da trat Abu Omeijeh, der damals der Älteste unter den Kureisch war, hervor und machte den Kureisch den Vorschlag, denjenigen als Schiedsrichter anzuerkennen, welcher zuerst in die Moschee treten würde. Sie willigten ein, und der erste Eintretende war Mohammed. Als sie ihn sahen, sagten sie: „Der ist uns recht, es ist ja der Wahrhaftige." Sie trugen ihm dann, als er näher getreten war, die Sache vor. Da ließ er sich ein Tuch bringen und legte den Stein selbst darauf, dann ließ er einen aus jeder Kabileh an diesem Tuche tragen und den Stein gemeinschaftlich aufheben, bis an die Stelle, wo er eingefügt werden sollte. Er legte ihn dann selbst an seine Stelle, und der Bau wurde wieder fortgesetzt. Die Kureisch hatten nämlich vor der Offenbarung Mohammed den Wahrhaftigen genannt.

Die Berufung und die ersten Gläubigen

Die heidnische Nationalreligion der Araber war zu Mohammeds Zeit in völligem Verfall. Ganze Stämme von Juden und Christen gab es im Lande. Auch einzelne, wie Mohammeds Oheim Waraka Ibn Raufal, bekannten sich inmitten ihrer heidnischen Stammesgenossen zu dem einen Gott. Um das Jahr 610 glaubte Mohammed selbst in visionärem Zustande von diesem Botschaften zu empfangen.

Von den ersten wahren prophetischen Visionen Mohammeds

Azzuhri hat mir von Urwa Ibn Azzubeir erzählt, der es von Aischa gehört: Als Gott Mohammed ehren und sich der Menschheit erbarmen wollte, fing das Prophetentum bei Mohammed damit an, dass er wahre Erscheinungen im Traume hatte, wie die anbrechende Morgenröte, und daß er die Einsamkeit über alles liebte.

Wie Steine und Bäume Mohammed begrüßt haben

Abd Almelik Ibn Abd Allah, der es von einem Gelehrten gehört, hat mit erzählt: Als Gott Mohammed ehren und ihn zum Propheten weihen wollte ging er einer Tages wegen eines Geschäftes aus und blieb so lange, daß man ihn allenthalben vermißte, er war bis in die tiefsten Täler Mekkas gekommen, und sooft er an einem Baum oder an einem Stein vorüberging, riefen sie: „Heil dir, Gesandter

Gottes!" Mohammed drehte sich nach allen Seiten um und sah nichts als Steine und Bäume.

So blieb Mohammed lange Zeit und sah und hörte manches. Dann kam Gabriel zu ihm und brachte ihm, was ihm Gottes Gnade bestimmt hatte, während er im Monat Ramadhan auf dem Hira[7] war.

Wie zuerst Gabriel heruntergestiegen ist

Mohammed brachte einen Monat auf dem Hira zu und speiste die Armen, die zu ihm kamen. Wenn der Monat zu Ende war, so umkreiste er, ehe er in sein Haus ging, die Kaaba siebenmal, oder sooft es Gott gefiel, dann begab er sich erst in sein Haus. Als nun das Jahr seiner Sendung kam, ging er wie gewöhnlich mit seiner Familie im Monate Ramadhan nach Hira. In der Nacht, in welcher Gott aus Barmherzigkeit gegen seine Diener ihn mit seiner Botschaft ehrte, brachte ihm Gabriel den Befehl Gottes.

„Ich schlief, " so erzählt Mohammed selbst, „als er mir ein beschriebenes seidenes Tuch brachte und sagte: „Lies!" Ich sagte: „Ich kann nicht lesen. Da drückte er mich in das Tuch, daß ich glaubte, ich müßte sterben, dann ließ er mich los und sagte wieder: „Lies!" Als ich wieder sagte, ich könne nicht lesen, bedeckte er mich wieder mit dem Tuche, daß ich beinahe den Geist aufgab, dann ließ er mich wieder los und wiederholte seinen Befehl. Ich fragte nun, was ich lesen sollte, aus Furcht, er

---

[7] Berg in dem nördlich von Mekka sich hinziehenden Gebirge.

werde mich wieder wie früher behandeln, da sagte er: „Lies im Namen deines Herrn, der den Menschen aus einem Blutklumpen erschaffen hat, lies, dein Herr ist der Gnädigste, der durch die Feder den Menschen gelehrt hat, was er nicht wußte."[8] Ich las nun, und Gabriel verließ mich wieder. Hierauf erwachte ich, und es war, als stünden diese Worte in mein Herz geschrieben.

Ich trat aus der Höhle und stand auf der Mitte des Berges, da hörte ich eine Stimme vom Himmel, die mir zurief: „Mohammed! Du bist der Gesandte Gottes, und ich bin Gabriel." Ich blieb stehen und schaute nach und ging weder rückwärts noch vorwärts. Dann wendete ich mich von ihm ab, aber nach welcher Seite ich meine Blicke richten mochte, sah ich ihn immer vor mir. Ich blieb stehen, ohne vorwärts oder rückwärts zu gehen, bis Chadidjeh Leute schickte, um mich zu suchen. Sie gingen bis zur Höhe Mekkas und kehrten wieder zu ihr zurück, ich aber blieb stehen, bis der Engel wegging, dann kehrte ich zu meiner Familie zurück.

Als ich zu Chadidjeh kam, setzte ich mich auf ihren Schoß und drückte mich fest an sie. Sie fragte mich, wo ich war, und sagte mir, sie habe Leute ausgeschickt, um mich zu suchen, sie seien bis zur Höhe von Mekka gekommen und wieder zurückgekehrt. Als ich ihr erzählte, was ich gesehen, sagte sie: „Freue dich, mein Vetter, und sei guten Mutes. Bei dem, in dessen Gewalt meine Seele ist, ich hoffe, du wirst der Prophet deines Volkes werden."

Sie stand dann auf, kleidete sich an und ging zu ihrem Vetter Waraka Ibn Naufal, welcher Christ geworden war,

---

[8] Der berühmte Anfang der sechsundneunzigsten Sure, der ältesten des Koran.

die Heilige Schrift gelesen und manches von Juden und Christen gehört hatte, und erzählte ihm, was ich gesehen und gehört hatte. Da rief Waraka: „Heilig, heilig! Bei dem, in dessen Gewalt Warakas Seele ist, wenn du mir Wahrheit berichtest, so ist der größte Namus[9] zu ihm gekommen, der auch dem Moses erschienen ist, und er ist der Prophet dieser Nation. Sage ihm, er soll standhaft sein." Chadidjeh kehrte hierauf zu Mohammed zurück und hinterbrachte ihm, was Waraka gesagt hatte.

Als die Andachtszeit vorüber war und Mohammed wieder heimkehrte und wie gewöhnlich zuerst den Tempel umkreiste, begegnete ihm Warata und sagte ihm: Erzähle mir, was du gesehen und gehört hast." Als Mohammed es ihm erzählt hatte, sagte er: „Bei dem, in dessen Gewalt meine Seele ist, du bist der Prophet dieser Nation, und der größte Namus, der Moses erschienen ist, ist zu dir gekommen. Man wird dich einen Lügner nennen und mißhandeln und verbannen und bekämpfen. Wenn ich jene Zeit erlebe, so werde ich Allah in einer Weise beistehen, daß er mir es anerkennen wird." Er neigte sich dann mit dem Haupte zu ihm und küßte ihn auf die Stirn, worauf Mohammed nach Hause ging.

Anfang der Offenbarung des Koran

Die Offenbarung begann im Monat Ramadhan, wie es im Koran heißt: „Der Monat Ramadhan, in welchem der Koran geoffenbart worden ist, als Leitung für die Menschen und Zeichen von der Leitung und dem Gesetze."

---

[9] Erzengel.

Dann wurde die Offenbarung vervollständigt, und Mohammed glaubte an Gott und nahm die Offenbarung als eine wahrhaftige auf, und übernahm, was ihm aufgetragen wurde, bei dem Wohlgefallen und dem Groll der Menschen. Das Prophetentum führt seine Beschwerden und Lasten mit sich, die nur die Beharrlichen und Starken unter dem Gesandten mit Gottes Hilfe und Beistand ertragen können, denn sie haben vielen von den Menschen zu dulden, und man streitet mit ihnen über das, was sie im Namen Gottes verkünden. Mohammed aber handelte nach dem Befehle Gottes, trotz allem Widerspruch und allen Mißhandlungen seines Volkes.

Bekehrung der Chadidjeh, Tochter Chuweileds

Chadidjeh glaubte an Mohammed und hielt die Offenbarung für wahr und unterstützte ihn in seinem Vorhaben. Sie war die erste, die an Gott, an seinen Gesandten und an die Offenbarung glaubte. Dadurch hatte ihm Gott Trost geschickt, denn sooft er etwas Unangenehmes hörte, von Widerreden und Lügenstrafen, und er betrübt darüber war, tröstete ihn Gott durch sie, wenn er zu ihr heimkehrte, indem sie ihn aufrichtete, es ihm leichter machte, ihn ihres Glaubens an ihn versicherte und ihm das Gerede der Menschen als geringfügig darstellte. Auch hat mir ein zuverlässiger Mann erzählt, Gabriel sei zu Mohammed gekommen und habe ihm gesagt: "Grüße Chadidjeh von ihrem Herrn!" Als Mohammed ihr diesen Gruß brachte, sagte sie: „Gott ist das Heil, von ihm kommt das Heil, und Heil über Gabriel!"

Von dem Ausbleiben der Offenbarung und dem Herabkommen der Sure Addhuha[10]

Dann blieb die Offenbarung eine Zeitlang aus, so daß Mohammed sehr betrübt darüber wurde; da brachte ihm Gabriel die Sure Addhuha, in welcher Gott, der ihm soviel Gnade erwiesen schwört, daß er ihm nicht abgeneigt ist und ihn nicht verabschiedet hat.

Da heißt es: „Bei dem klaren Tage und der sinkenden Nacht! Dein Herr hat dich nicht verabschiedet und ist dir nicht abgeneigt, und sicherlich, das zukünftige Leben ist dir noch besser als das erste; fand er dich nicht als Waise und verschaffte dir Aufnahme, warst du nicht im Irrtum, und er leitete dich? Warst du nicht arm, und er machte dich reich?" Er erinnert ihn hiermit, wie er angefangen hat, sich ihm gnädig zu zeigen, in Dingen dieser Welt, und wie er ihn durch seine Huld und Gnade aus dem Waisenstande, aus Irrtum und Armut gezogen hat.

Anfang der Verpflichtung zum Gebete

Dann wurde ihm das Gebet vorgeschrieben, und er betete. Als Mohammed das Gebet vorgeschrieben wurde, kam Gabriel zu ihm und betete mit ihm das Mittaggebet, als die Sonne anfing sich nach Westen zu wenden, dann das Nachmittaggebet, als der Schatten ihm gleich war, dann das Abendgebet, als die Sonne unterging, dann das letzte Nachtgebet, als alle Abendröte verschwunden war, dann das Morgengebet, als die Morgenröte angebrochen war,

---

[10] Die dreiundneunzigste Sure des Koran.

dann das Mittaggebet, als der Schatten zweimal so groß war als er, dann das Abendgebet, wie am vorhergehenden Tage, als die Sonne untergegangen war, dann das Nachtgebet, als ein Drittel der Nacht vorüber war, dann wieder das Morgengebet, als der Morgen hell war, aber noch nicht von der Sonne beleuchtet. Dann sagte er zu Mohammed: „Die Zeit des Gebets liegt zwischen der, in welcher du gestern und heute gebetet hast."

Wie Ali der erste Gläubige unter den Männern war

Die erste männliche Person, welche an Mohammed glaubte, mit ihm betete und seine Offenbarung für

wahr hielt, war der zehnjährige Ali Ibn Abu Talib. Gott hatte ihm die Gnade erwiesen, daß er schon vor dem Islam bei Mohammed lebte.

Es war ein Werk göttlicher Huld und Gnade gegen Ali, daß einst die Kureisch von großer Unfruchtbarkeit heimgesucht wurden, und da Abu Talib eine starke Familie hatte, sagte Mohammed zu seinem Oheim Alabbas, welcher der Reichste unter den Benu Haschim war: „Du weißt, daß dein Bruder Abu Talib eine starke Familie hat, und daß alle Leute durch dieses unfruchtbare Jahr zu leiden haben, darum laß uns zu ihm gehen und es ihm leichter machen, dadurch, daß ich ihm einen Sohn abnehme und du einen." Alabbas war damit einverstanden, ging mit Mohammed zu Abu Talib, und sie sagten ihm, sie seien gekommen, ihm Erleichterung zu verschaffen, bis die Nacht nachlasse. Abu Talib sagte: „Wenn ihr mir nur Akil lasset, dann tut, was ihr wollt!" Mohammed nahm hierauf Ali und drückte ihn an sich, und Abbas tat das gleiche mit Djafar. So blieb Ali bei Mohammed, bis er als Prophet gesandt wurde, und er folgte ihm, glaubte an ihn und hielt ihn für wahrhaftig; Djafar aber blieb bei Alabbas, bis er zum Islam überging und seiner nicht mehr bedurfte. Manche Gelehrte behaupten, Mohammed sei, wenn die Zeit zum Gebete kam, in die Täler Mekkas gegangen, und Ali habe ihn, ohne daß sein Vater und seine Oheime etwas davon wußten, begleitet und mit ihm gebetet; des Abends kehrten sie dann zusammen zurück.

Dies dauerte eine Weile so, bis eines Tages Abu Talib sie beim Gebete überraschte. Da sagte er zu Mohammed: „Was ist das für eine Religion, an welche du glaubst?" Er antwortete: „Das ist die Religion Gottes, seiner Engel und seiner Gesandten, es ist die Religion unseres Vaters Abraham (oder wie er sich sonst ausdrückte), mit welcher mich Gott als Gesandten zu den Menschen geschickt hat, und du, mein Oheim, verdienst es am meisten, daß ich dir Belehrung zukommen lasse und dich zur Leitung aufrufe, und dir steht es am Besten zu, meinem Ruf zu folgen und mir beizustehen (oder wie er sonst sagte)." Abu Talib erwiderte: „Ich kann, teurer Neffe, den Glauben meiner Väter nicht verlassen, aber bei Gott, solange ich lebe, soll dir nichts zuleide getan werden." Man erzählt, er habe zu Ali gesagt: „Was hast du für einen Glauben, mein Sohn?" Und jener habe geantwortet: „Ich glaube an den Gesandten Gottes, mein Vater, und halte seine Offenbarung für wahr, ich bete mit ihm zu Gott und folge ihm." Man behauptet, Abu Talib habe darauf erwidert: „Er wird dich gewiß nur zum Guten aufrufen, darum schließe dich ihm an!"

Von der Bekehrung Zeids Ibn Haritha, als zweiten Moslem

Dann bekehrte sich Zeid Ibn Haritha, der Kelbite, der Freigelassene Mohammeds; er war der erste Mann, der nach Ali sich bekehrte und betete.

Chuweiled war aus Syrien mit Sklaven gekommen, unter denen sich Zeid Ibn Haritha befand, der ein angehender Jüngling war. Als seine Tochter Chadidjeh, welche damals schon Gattin Mohammeds war, ihn besuchte, sagte er ihr, sie möchte sich einen der Sklaven auswählen. Ihre Wahl fiel auf Zeid, und sie nahm ihn mit. Als Mohammed ihn bei ihr sah, erbat er sich ihn von ihr, sie schenkte ihn ihm, und er schenkte ihm die Freiheit und adoptierte ihn als Sohn. Dies geschah vor der Zeit seiner Sendung. Sein Vater Haritha war sehr betrübt über seinen Verlust und beweinte ihn mit folgenden Worten:

„Ich weine über Zeid, ich weiß nicht, was aus ihm geworden, ob er noch lebt und ich hoffen darf, oder ob ihn der Tod ereilt hat. Bei Gott, ich weiß nicht, und frage, ob dich das Schicksal in der Ebene oder im Gebirge getroffen hat. Wüßte ich doch, daß du je zurückkehren wirst, nach deiner Rückkehr verlange ich nichts mehr von dieser Welt. Die Sonne erinnert mich an ihn, wenn sie aufgeht, und ihr Untergang ruft mir ihn ins Gedächtnis zurück. Wenn der Wind tobt, weht er mir sein Andenken zurück. Wie lange schon trauere ich um ihn und ängstige ich mich! Ich werde die besten Kamele im Lande umher treiben, um ihn zu suchen, und ermüdet umherwandern, bis die Kamele ermüden, mein ganzes Leben lang, und naht mir der Tod, nun jeder Mann ist ja vergänglich, mag ihn die Hoffnung noch solange täuschen."

Dann kam Haritha zu seinem Sohne, als er bei Mohammed war. Dieser sagte zu Zeid: „Wenn du willst, so bleibe bei mir, wenn nicht, so ziehe mit deinem Vater!" Zeid zog vor, bei Mohammed zu bleiben, und so blieb er bei ihm, bis ihn Gott als Propheten sandte, da glaubte er an ihn, wurde Moslem und betete mit ihm. Als Gott später offenbarte: „Nennet die Adoptivsöhne nach ihren Vätern," nannte er sich Zeid Ibn Haritha.

Bekehrung Abu Bekrs des Wahrhaftigen

Dann bekehrte sich Abu Bekr. Als Abu Bekr Moslem wurde, bekannte er sich offen zum Islam und forderte andere auf zu Gott und seinem Gesandten. Er war ein leutseliger, liebenswürdiger Mann, den jeder gern hatte, er war der gelehrteste Kureischite und der bewandertste in der Genealogie der Kureischiten und in ihren Schwächen und Vorzügen. Er war ein wohltätiger Kaufmann, von guten Sitten, und die Leute seines Stammes kamen häufig zu ihm, um ihre Angelegenheiten mit ihm zu beraten, weil er im Handel und anderen Dingen bewandert war und sein Umgang jedem gefiel. Er rief die zum Islam auf welche ihm vertrauten und seine Gesellschaft suchten. Durch seine Aufforderung wurde, wie ich vernommen habe, Otham belehrt, ferner Zubeir, Abd Errahman, und Saad, und Talha. Als sie seinem Rufe folgten, ging er mit ihnen zu Mohammed, und sie bekannten sich zum Islam und beteten mit ihm. Wie ich vernommen habe, soll Mohammed gesagt haben „Ich habe niemand zum Islam aufgerufen, der nicht zuerst Bedenken, überlegen und Widerreden hatte, außer Abu Bekr, der hatte nichts einzuwenden und kein Bedenken."

Diese acht Männer sind allen anderen im Islam vorangegangen. Sie beteten, glaubten an Mohammed und an seine göttliche Offenbarung.

Der Prophet in Mekka

Die Belehrung des reichen, angesehenen Abu Bekr gibt Mohammed den Mut, mit seiner Lehre hervorzutreten. Die große Mehrheit der herrschenden Aristokratie verschließt sich aber seiner religiösen Verkündigung und tritt seinen Anhängern immer feindlicher entgegen.

Wie Mohammed den Islam unter seinen Stammgenossen bekannt machte

Dann nahmen Männer und Frauen truppweise den Islam an, bis man in Mekka viel davon sprach. Dann befahl ihm Gott, mit seiner Offenbarung hervorzutreten, die Leute damit bekannt zu machen und sie zum Islam aufzufordern; dies geschah, nachdem er drei Jahre von seiner Sendung an seinen Glauben verheimlicht hatte. Dann befahl ihm Gott: „Tritt hervor mit dem, was dir aufgetragen worden ist, und wende dich ab von den Götzendienern!" Ferner: „Predige deinen Stammgenossen, den Verwandten, und senke deine Flügel über die Gläubigen, die dir folgen!" Ferner: „Sprich: Ich bin der klare Prediger."

Wie das erste Blut im Islam vergossen wurde

Wenn die Gefährten Mohammeds beteten, gingen sie in Schluchten und verheimlichten ihr Gebet vor ihrem Volke. Eines Tages, als Saad Ibn Abi Wakkaß mit anderen Gefährten Mohammeds in einer der Schluchten betete, erschienen mehrere Götzendiener, welche sie tadelten und durch ihre Beleidigungen zum Kampfe herausforderten. Saad Ibn Wakkaß schlug damals einen Götzendiener mit dem Kinnknochen eines Esels und verwundete ihn; Dies war das erste Blut, das im Islam vergossen wurde.

Wie Abu Talib Mohammed beschützte

Als Mohammed mit seiner Religion unter seinem Volke offen auftrat, wie ihm Gott befohlen hatte, hielt es sich nicht fern von ihm und widerlegte ihn nicht, bis er von ihren Göttern sprach und sie schmähte, dann hielten sie es der Mühe wert, ihn zu verleugnen, und sie beschlossen, ihm entgegenzuhandeln und ihn anzufeinden, mit Ausnahme derer, welche Gott durch den Islam bewahrt hatte, sie waren aber in geringer Zahl und verachtet.

Mohammed wurde von seinem Oheim Abu Talib bemitleidet, er beschützte ihn und stand für ihn ein. Mohammed befolgte den Befehl Gottes und ließ sich durch nichts abhalten, seinen Glauben zu offenbaren. Als die Kureisch sahen, daß Mohammed ihnen nichts nachgab von allem, was sie an ihm getadelt hatten, in Bezug auf seine Schmähungen gegen ihre Götter, und daß Abu Talib ihm gewogen war und ihn nicht preisgab, vielmehr für ihn einstand, da begaben sich mehrere von den Angesehensten unter ihnen zu Abu Talib und sagten ihm: „Dein Neffe, o Abu Talib, schmäht unsere Götter und lästert unseren Glauben, betört unsere Jugend und leitet unsere Väter irre, entweder du hältst ihn davon ab, oder du gibst ihn uns preis, da du ja wie wir anderer Meinung bist als er, und wir werden dir Ruhe vor ihm verschaffen." Abu Talib richtete freundliche Worte an sie und widerlegte sie mit sanfter Rede, bis sie wieder gingen.

Mohammed fuhr indessen fort, den Glauben an Allah zu offenbaren und aufzurufen, und die Mißstimmung zwischen ihm und den Kureisch wurde größer, sie mieden und haßten Mohammed, sprachen viel von ihm und reizten einander zu Feindseligkeiten gegen ihn auf. Dann begaben sie sich abermals zu Abu Talib und sagten ihm: „Du bist ein geehrter und hochgestellter Mann unter uns, und wir haben dich schon einmal gebeten, dem Treiben deines Neffen gegen uns Einhalt zu tun, du hast es aber nicht, getan, wir werden nun, bei Gott, nicht länger dulden, daß er unsere Väter schmähe, unsere Jugend betöre und unsere Götter lästere, entweder du hältst ihn ferne von uns, oder wir werden euch beide bekämpfen, bis ihr oder wir zugrunde gehen" (oder wie sie sich sonst ausdrückten). Hierauf gingen sie weg, und Abu Talib war sehr betrübt über die Lostrennung und Feindschaft seines Volkes, und doch konnte er nicht Mohammed aufgeben und ausliefern.

Mohammed glaubte, sein Oheim habe schon den Entschluß gefaßt, ihm seinen Beistand zu entziehen und ihn auszuliefern, weil er sich zu schwach fühle, ihn zu beschützen, er sagte daher: „Bei Gott, wenn sie die Sonne zu meiner Rechten und den Mond zu meiner Linken setzen und von mir fordern, daß ich meine Sache aufgebe, bis sie Gott offenbar mache oder ich zugrunde gehe, so würde ich sie auch nicht aufgeben." Dann weinte er und stand auf. Als er weggehen wollte, rief ihn sein Oheim zurück und sagte zu ihm: „Geh und rede, was du willst, ich werde dich, bei Gott, aus keinem Grunde jemals ausliefern."

Wie die Kureisch die Gläubigen abtrünnig zu machen suchten und wie sie die Araber vor dem Propheten warnten

Dann wurden die Kureisch feindselig gegen die zum Islam übergetretenen Gefährten Mohammeds, welche unter ihnen lebten, jede Kabileh machte sich gegen die Moslems unter ihnen auf, suchte sie vom Glauben abtrünnig zu machen und mißhandelte sie. Gott schützte aber Mohammed durch seinen Oheim Abu Talib, welcher, als er das Verfahren der Kureisch sah, die Benu Haschim und Muttalib[11] aufforderte, mit ihm Mohammed zu beschützen und auf ihn einzustehen. Sie folgten dieser Aufforderung und schlossen sich ihm an, mit Ausnahme Abu Lahabs, des verruchten Feindes Gottes.

Dann versammelte sich eine Anzahl Kureischiten bei Welid Ibn Almughira, welcher der Älteste unter ihnen war, und er sagte zu ihnen: „Die Festtage, nahen heran, die Karawanen der Araber werden hierherkommen, sie haben schon von euerm Gefährten gehört, drum fasset einen gemeinsamen Entschluß in Betreff seiner, damit nicht einer den anderen Lügen strafe und widerlege." Da sagten sie: „Sprich du, Vater des Abd Schems, wir wollen deiner Ansicht beistimmen." Er versetzte aber: „Sprechet ihr! Ich will euch anhören." Da sagten sie: „Wir wollen ihn einen Weissager nennen." Er antwortete: „Nein, er ist kein Weissager, wir haben Weissager gesehen, er murmelt und reimt nicht wie sie." „Nun, " sagten sie, „so wollen wir ihn für einen Besessenen ausgeben." Welid versetzte aber: „Er ist kein Besessener, wir haben Beses-

---

[11] Die Teilstämme der Kureisch, die Mohammed in näherem Grade verwandt waren.

sene gesehen, er ist nicht wie sie dem Ersticken nahe, er flüstert nicht und redet wie sie." Da sagten sie: „Nun, so stellen wir ihn als einen Dichter dar." Jener versetzte: „Er ist kein Dichter, wir kennen alle Gedichte in den verschiedensten Versarten, aber seine Worte sind keine Gedichte." Sie sagten: „So wollen wir sagen, er ist ein Zauberer." Er erwiderte: „Er ist kein Zauberer, wir haben Zauberer und Zauber gesehen, er wispert nicht wie sie und macht keine Knoten wie sie." Da sagten sie: „Nun, Vater des Abd Schems, was wollen wir denn sagen?" Er antwortete: „Bei Gott, seine Rede ist süß, sein Stamm ist ausgezeichnet, und seine Zweige sind ein Garten. Von all dem könnt ihr nichts sagen, ohne daß man alsbald wisse, daß es falsch sei. Das beste ist, ihr saget, er sei ein Zauberer, denn seine Rede ist ein Zauber, durch sie trennt er den Mann von seinem Vater, von seinem Bruder, von seiner Gattin und von seinem Geschlechte."

Die trennten sich nun und vereinigten sich dahin, und als die Festzeit kam, setzten sie sich auf den Weg, wo die Leute vorüber kamen, warnten jeden vor Mohammed und berichteten ihm, wie es sich mit ihm verhalte. Indessen kehrten alle Araber von diesem Feste mit der Kenntnis von Mohammeds Prophetentum heim, und man sprach von ihm in ganz Arabien.

Bekehrung Hamzas, des Löwen Gottes

Abu Djahl ging bei Safa an Mohammed vorüber und beschimpfte und beleidigte ihn und sagte ihm manches Unangenehme gegen seine Religion und seine sonstigen Verhältnisse. Mohammed sprach kein Wort. Eine Freigelassene des Abd Allah Ibn Djudan, welche in ihrer Wohnung saß, hörte dies. Abu Djahl begab sich zur Versammlung der Kureisch bei der Kaaba und setzte sich zu den anderen. Bald darauf kam Hamza von der Jagd zurück, mit umgehängtem Bogen - er war ein Jagdliebhaber und ein guter Jäger -, er pflegte, wenn er von der Jagd heimkehrte, nicht eher nach Hause zu gehen, bis er den Tempel umkreist hatte, und wenn er dann an der Versammlung der Kureisch vorüber kam, blieb er stehen und grüßte und unterhielt sich mit ihnen. Er war einer der stärksten und kräftigsten Männer der Kureisch. Als er jetzt an der Frau vorüber kam - der Prophet war schon nach Hause gegangen -, sagte sie ihm: „O Abu Omara[12], hättest du doch gesehen, wie soeben dein Neffe Mohammed von Abu-l-Hakam Ibn Hischam[13] behandelt worden ist! Er fand Mohammed hier sitzend und hat ihn geschmäht und beschimpft und ihm sonst Unliebes angetan, dann hat er sich entfernt, ohne daß Mohammed ein Wort an ihn gerichtet hätte."

Da Gott Hamza mit seiner Gnade segnen wollte, geriet er in Zorn und ging rasch vorüber, ohne sich aufzuhalten, und beschloß, Abu Djahl anzugreifen, falls er ihn treffen sollte. Als er in den Tempel kam, fand er ihn bei anderen sitzend. Er ging auf ihn zu, bis er vor ihm stand, und gab ihm mit dem Bogen einen herben Schlag. Dann sagte er: „Beschimpfst du ihn, wenn ich mich zu seinem Glauben bekenne und seine Worte zu den meinigen mache? Gib mir den Schlag zurück, wenn du es vermagst!" Einige Machzumiten erhoben sich, um Abu Djahl beizu-

---

[12] „Vater des Omara", d. i. Hamza.
[13] Abu Djahl.

stehen, er sagte aber: „Lasset den Abu Omara, denn, bei Gott, ich habe seinen Neffen arg beschimpft."

Hamza blieb Moslem und folgte in allem den Lehren Mohammeds, und die Kureisch sahen ein, daß Mohammed durch Hamzas Schutz eine kräftige Stütze erlangt habe, und sie unterließen manche Kränkungen, die sie ihm bisher zugefügt hatten.

Was sich zwischen Mohammed und den Häuptern der Kureisch ereignet hat

Dann fing der Islam an, sich in Mekka unter den Kabilen Kureischs bei Männern und Frauen zu verbreiten. Indessen sperrten die Kureisch die, über welche sie Gewalt hatten, ein, andere suchten sie wieder vom Islam abtrünnig zu machen. Dann versammelten sich die Ersten der Kureischiten nach Sonnenuntergang bei der Rückwand der Kaaba. Man beschloß, nach Mohammed zu schicken und mit ihm zu disputieren, um nachher entschuldigt zu sein.

Als der Bote zu Mohammed kam und ihn zu den Edlen Kureischs rief, ging er alsbald zu ihnen, denn er glaubte, sie wollten seine Worte zu beherzigen anfangen, und er verlangte sehr nach ihrer Bekehrung, denn ihr Widerstand tat ihm sehr weh. Als er sich zu ihnen gesetzt hatte, wiederholten sie ihre früheren Anklagen und machten ihm dieselben Vorschläge, welche sie ihm schon gemacht hatten.

Mohammed antwortete: „Mein Zustand ist nicht, wie ihr glaubet, auch habe ich euch nichts gebracht, um Geld, Ehre oder Herrschaft zu erlangen, Gott hat mich als Gesandten geschickt und mir ein Buch geoffenbart und befohlen, euch frohe Botschaft und Drohungen zu bringen; ich habe die Botschaft meines Herrn zu euch gelangen lassen und euch treuen Rat erteilt. Nehmet ihr, was ich euch gebracht habe, an, so ist es euer Glück in diesem und in jenem Leben, verwerfet ihr es, so gedulde ich mich, bis Gott zwischen mir und euch entscheiden wird" (oder wie er sonst gesagt hat).

Da sagten sie zu Mohammed: „Willst du von allem, was wir dir angeboten haben, nichts annehmen, so weißt du, daß wir ein hartes beben haben, da es uns mehr als anderen an Wasser fehlt und unser Tal sehr eng ist, bete daher zu deinem Herrn, der dich gesandt hat, er soll die Berge, die uns so beengen, von uns entfernen, daß unser Land weiter werde, und soll es von Flüssen durchschneiden lassen, wie Syrien und Irak, auch soll er unsere verstorbenen Väter auferstehen lassen, unter anderen auch Kusseij Ibn Kilab, der ein wahrhaftiger Greis war, wir wollen sie dann fragen, ob du wahr sprichst oder lügst. Erklären sie dich für wahrhaftig, und tust du, was wir von dir fordern, so glauben wir dir und erkennen daraus deinen hohen Rang bei Gott und sehen dich als seinen Gesandten an." Mohammed antwortete: „Ich bin nicht damit zu euch gesandt worden, ich habe euch gebracht, was mir Gott an euch aufgetragen, nehmet ihr es an, so ist es euer Glück in diesem und jenem Leben, wenn nicht, werde ich geduldig warten, bis Gott zwischen uns entscheidet."

Sie sagten: „Wenn du dies nicht tust, so sorge für dich selbst! Bete zu Gott, daß er einen Engel mit dir sende, der dich als wahrhaftig erkläre und unseren Widerspruch abwende, bete, daß er dir Gärten, Paläste und Scheine von Gold und Silber sende, damit du nicht mehr wie einer von uns auf den Markt zu gehen brauchst, um Lebensmittel zu holen, wir werden dann deinen Vorzug und deinen Rang bei Gott erkennen, wenn du, wie du behauptest, wirklich ein Gottgesandter bist." Mohammed erwiderte: „Ich tu dies nicht und verlange nichts von Gott für mich, ich bin von Gott gesandt als Warner und frohe Botschaft Bringender, nehmet ihr meine Botschaft an, so ist es euer Glück in diesem und dem zukünftigen Leben, wenn nicht, so warte ich mit Geduld, bis der Herr zwischen uns entscheidet." Sie sagten dann: „So lasse den Himmel stückweise über uns herabfallen, wie, nach deiner Behauptung, Gott tut, wenn es ihm gefällt, sonst glauben wir nicht an dich.". Mohammed erwiderte: „Das ist Gottes Sache, sobald es ihm gefällt, wird er es tun." Sie sagten wieder: „O Mohammed! Dein Herr weiß doch, daß wir hier bei dir sitzen und gewisse Forderungen an dich stellen, warum kommt er nicht und sagt dir, wie du uns widerlegen sollst, und was er tun wird, wenn wir dir kein Gehör schenken? Wir haben gehört, ein Mann in Jemama sei dein Lehrer, welcher Rahman heißt, aber, bei Gott, wir werden nie an Rahman glauben. Wir haben nun das unsrige getan, und wir werden dich mit deinen Bestrebungen nicht länger dulden, bis wir dich vernichten oder du uns vernichten wirst." Einer von ihnen sagte noch: „Wir beten die Engel an, welche Töchter Gottes sind." Ein anderer: „Wir glauben dir nicht, bis du mit Gott und Engelscharen zu uns kommst."

Mohammed erhob sich hierauf, begleitet von seinem Vetter Abd Allah Ibn Abi Omejja, dessen Mutter eine Tochter Abd Allmuttalibs war. Dieser sagte ihm: „Dein

Volk hat dir Anerbietungen gemacht, die du verworfen hast, sie haben dann Wünsche für sich geäußert, die du erfüllen solltest, um zu zeigen, wie groß dein Ansehen bei Gott ist, sie wollten dich dann für wahrhaftig halten und dir folgen, aber du hast es nicht getan. Sie haben dann verlangt, du sollst für dich Dinge fordern, an denen sie erkennen, daß du bei Allah höher stehst als sie, du hast es auch nicht getan. Dann haben sie gefordert, du solltest einen Teil der Strafe, mit welcher du sie bedrohest, gleich eintreten lassen, auch das hast du nicht getan" (oder was er sonst noch sagte). „Nun werde ich, bei Gott, nicht an dich glauben, bis du vor meinen Augen auf Leitern in den Himmel steigst und mit einem Schreiben zurückkommst, in welchem vier Engel für dich Zeugnis ablegen; ich glaube jedoch, bei Gott, daß selbst dann ich nicht an dich glauben würde."

Mit diesen Worten verließ er dann Mohammed, welcher traurig und niedergeschlagen nach Hause. ging, weil er in seiner Hoffnung auf die Verehrung seiner Stammesgenossen getäuscht wurde, als sie ihn rufen ließen, und er sah, daß sie sich immer weiter von ihm entfernten.

Abu Djahls Anschlag wider Mohammed

Nachdem Mohammed sich von den Kureisch entfernt hatte, sagte Abu Djahl: „Ihr sehet, daß Mohammed nichts anderes will, als unseren Glauben schmähen, unsere Väter beschimpfen, uns für töricht erklären und unsere Götter lästern, ich nehme daher Gott zum Zeugen, daß ich mich morgen mit einem Stein in den Tempel begebe, so schwer ich ihn nur tragen kann, und wenn er dann beim

Gebete niederfällt, zerschmettere ich ihm den Kopf damit, ihr möget mich dann beschützen oder ausliefern, daß die Söhne Abd Menafs nach Belieben mit mir verfahren." Die Kureischiten sagten hierauf: „Wir werden dich nie ausliefern, tu was du willst!"

Am folgenden Tage nahm Abu Diahl einen schweren Stein und erwartete Mohammed im Tempel. Dieser kam des Morgens in den Tempel und betete, wie er es immer in Mekka zu tun pflegte, mit dem Gesichte nach Syrien gerichtet, zwischen dem schwarzen Steine und dem südlichen Pfeiler, so daß die Kaaba zwischen ihm und Syrien sich befand. Die Kureisch waren alle versammelt, um zu sehen, was Abu Djahl tun werde. Als Mohammed niederfiel, ging Abu Djahl mit dem Steine auf ihn zu, als er ihm aber nahe kam, kehrte er wie ein Flüchtiger um, ganz entstellt und erschrocken, seine Hände lagen welk auf dem Steine, bis er ihn wegwarf. Die Kureisch traten ihm entgegen und fragten ihn, was er habe. Er antwortete: „Ich wollte ausführen, was ich euch gestern mitgeteilt habe, als ich ihm aber nahe kam, sah ich ein Kamel zwischen ihm und mir mit einem Kopfe, einem Genick und mit Zähnen, wie ich sie nie an einem Kamele gesehen, und es machte Miene, mich anzufressen."

Wie die Götzendiener die schwachen Gläubigen mißhandelten

Die Kureisch feindeten die gläubigen Gefährten Mohammeds an, jede Kabileh erhob sich gegen die schwachen Moslems, die unter ihr waren. Sie wurden eingesperrt, geschlagen, sie mußten hungern und dursten und wurden der Sonne ausgesetzt. Manche fielen wieder vom Glauben ab, um den vielen Mißhandlungen zu entgehen, andere stärkte Gott, daß sie ihnen trotzten. Bilal Ibn Rijah, dessen Mutter Hamamah hieß, der nachherige Freigelassene Abu Bekrs, gehörte damals einem der Söhne Djumahs und war einer der wahren Gläubigen von reinem Herzen. Omejja Ibn Chalaf führte ihn in der Mittagshitze in das Tal Mekkas, warf ihn auf den Rücken, legte ihm einen schweren Stein auf die Brust und sagte ihm: „So lasse ich dich sterben, wenn du nicht von Mohammed abfällst und Lat und Uzza anbetest." Er rief aber bei all dem: „Einzig, einzig." Eines Tages, als sie ihn wieder so mißhandelten, kam Abu Bekr vorüber, dessen Haus im Viertel der Benn Djumah stand, und sagte zu Omejja: „Fürchtest du nicht Gottes Strafe wegen dieses Armen? Wie lange noch?" Er antwortete: „Du hast ihn verdorben, befreie ihn nun aus seinem Elend!" „Das will ich," antwortete Abu Bekr, „ich will dir für ihn einen Schwarzen geben, der stärker ist als er und fester an deinem Glauben hängt." Omejja willigte ein, und Abu Bekr schenkte Bilal die Freiheit.

Die drei Fragen der jüdischen Rabbiner

Die Kureisch sandten Alnadhr und Okba Ibn Abi Mueit zu den Rabbinern nach Medina, um ihnen von Mohammed und seinen Reden und seinen Eigenschaften Nachricht zu geben, und sie zu fragen, was sie von ihm hielten, weil sie Kenntnis der alten Bücher hatten und von den Propheten mehr wußten als sie selbst. Sie reisten nach Medina und begaben sich zu den Rabbinern und redeten sie, nach ihrer Weisung über Mohammed an. Die Rabbiner sagten: „Richtet drei Fragen an ihn, die wir euch mitteilen wollen; beantwortet er sie, so ist er ein gesandter Prophet, wenn nicht, so ist er ein Lügner; seht, wie ihr gegen ihn verfahret! Frager ihn zuerst über die Männer, die in früheren Zeiten dahingegangen sind, denn es wird Wunderbares von ihnen berichtet, ferner über den Wanderer, der bis zum äußersten Osten und Westen der Erde gelangt ist, und endlich über den Geist, was er ist. Gibt er euch Kunde davon, so folget ihm, dann ist er ein Prophet, wenn nicht, so ist er ein Lügner." Alnadhr und Okba kehrten nach Mekka zurück und sagten den Kureisch: „Wir haben nun eine Entscheidung zwischen euch und Mohammed", und teilten ihnen die Fragen der Rabbinern und ihre Worte mit. Sie gingen dann zu Mohammed und legten ihm die drei Fragen vor. Mohammed antwortete mit Bestimmtheit: „Ich werde euch morgen die Antwort geben." Er blieb aber fünfzehn Nächte, ohne dass ihm darüber eine Offenbarung zukam. Die Mekkaner versammelten sich und sagten: „Mohammed hat uns auf den folgenden Tag eine Antwort versprochen, und nun sind fünfzehn Nächte vorüber, ohne dass er über unsere Fragen sich ausspricht." Mohammed selbst war sehr betrübt über das Ausbleiben der Offenbarung und über die Reden der Mekkaner über ihn.

Endlich sandte ihm Gott Gabriel mit der Sure der Höhle[14], in welcher er zurechtgewiesen wird über seinen Kummer, und in der ihm über die dahingegangenen Män-

---

[14] Die achtzehnte Sure des Koran. Mit den dahingegangenen Männern sind die sagenhaften „Siebenschläfer", mit dem Wanderer ist Alexander der Große gemeint.

ner sowie über den Wanderer und den Geist Auskunft gegeben wird. Mohammed sagte dann zu Gabriel: „Du bist lange ausgeblieben, so daß ich Schlimmes befürchtete." Gabriel antwortete: „Wir können nur auf Gottes, deines Herrn, Befehl zu dir herabkommen, er hat zu gebieten über das, was in unseren Händen, was hinter uns und was dazwischen ist."

Von den Christen, die zu Mohammed kamen und sich zum Islam bekehrten

Als Mohammed in Mekka war, kamen etwa zwanzig Christen aus Abessinien zu ihm in den Tempel, unterhielten sich mit ihm und legten ihm mancherlei Fragen vor, während die Kureisch um die Kaaba herum beisammen saßen. Als sie mit ihren Fragen zu Ende waren, forderte sie Mohammed aus, an Gott zu glauben, und las ihnen einiges aus dem Koran vor. Als sie dies hörten, flossen ihre Augen in Tränen über, sie schenkten ihm Gehör, glaubten an ihn und erkannten an ihm das, was über ihn in ihren Büchern geschrieben steht.

Als sie von ihm weggingen, trat ihnen Abu Djahl mit anderen Kureischiten in den Weg und sagte: „Gott beschäme euch! Die Leute eures Glaubens, die hinter euch stehen, haben euch hierher geschickt um ihnen Nachricht über diesen Mann zu bringen, und kaum tretet ihr in seine Gesellschaft, so verlasset ihr euern Glauben und haltet den seinigen für wahr, wir haben nie eine dümmere Karawane gesehen als die eurige" (oder wie er sonst sich ausdrückte). Die Abessinier antworteten: „Heil über euch! Wir wollen euch nicht als Toren behandeln, wir verharren bei dem, worin wir jetzt sind, und ihr bleibet bei eurem Glauben, wir werden uns nur Gutes zuziehen." Nach anderen waren die Christen aus Radjran, Gott weiß, welches das richtige ist.

Mohammed und Djebr, der Christ

Wie mir berichtet worden ist, saß Mohammed oft bei Merwa, vor der Bude eines jungen Christen, welcher Djebr hieß und Sklave der Benu-i-Hadhrami war, so daß man sagte, Djebr lehre Mohammed vieles von dem, was er offenbart. Da erschien der Koranvers: „Wir wissen, daß sie sagen, ein Mensch lehre ihn, aber die Sprache dessen, auf den sie hinweisen, ist eine fremde, während dies klares Arabisch ist."

Von den Geringeren unter Mohammeds Genossen

Einst saß Mohammed im Tempel, und bei ihm saßen die Geringeren unter seinen Genossen, wie Chabbab, Ammar, Abu Fukeiha Jasar, ein Freigelassener des Safwan Ibn Omejja, Suheib und ähnliche. Da sagten die Kureischiten zueinander spottweise: „Das sind seine Gefährten, wie ihr sehet; soll Allah gerade diese aus unserer Mitte durch Leitung und Erkenntnis der Wahrheit begnadigt haben? Ware etwas Gutes an Mohammeds Offenbarung, so wären uns diese nicht zuvorgekommen, und Gott hätte sie vor uns nicht ausgezeichnet." Da offenbarte Gott: „Verstoße nicht diejenigen, die ihren Herrn morgens und abends anbeten, die sein Wohlgefallen suchen; du gehörst zu den Übeltätern, wenn du sie zurückweisest. So haben wir die einen durch die anderen erprobt, damit sie sagen: „Hat wohl Gott diese aus unserer Mitte bevorzugt? Kennt etwa Gott die Dankbaren nicht?" Wenn diejenigen, die an unsere Zeichen glauben, zu dir kommen, so sprich: „Friede über euch! Gott hat sich vorgeschrieben, euch sei Barmherzigkeit zu schenken: Wer von euch Böses getan, dann aber sich bekehrt und Gutes übt, gegen den ist er gnädig und barmherzig."

Von der nächtlichen Reise nach Jerusalem

Dann wurde Mohammed vom Tempel zu Mekka nach dem Tempel von Jerusalem getragen; der Islam hatte sich schon unter den Kureischiten und anderen Kabilen Mekkas verbreitet. Diese Reise war eine Versuchung und ein Erproben, ein Befehl des erhabenen und mächtigen Gottes, eine Belehrung für Verständige, Leitung, Gnade und Befestigung für die Gläubigen. Gottes Befehl war bestimmt, Mohammed mußte nach seinem Willen wandern, damit er ihm von seinen Wundern zeige, soviel er wollte, und einen Blick auf seine Macht und Herrschaft werfe, kraft welcher er tut, was ihm gefällt.

Man führte Mohammed den Borak vor; es ist das Tier, das schon andere Propheten vor ihm getragen hatte, und das seine Hufen so weit auseinandersetzt, als das Auge reicht. Sein Freund (Gabriel) hob ihn hinauf und begleitete ihn, und er sah die Wunder, zwischen Himmel und Erde, bis er nach Jerusalem kam. Hier fand er Abraham, Moses und Christus und andere Propheten, die sich um seinetwillen hier einfanden, und er betete mit ihnen. Man brachte ihm dann drei Gefäße, in dem einen war Milch, im anderen Wein und im dritten Wasser. Mohammed hörte, als ihm diese Gefäße vorgestellt wurden, eine Stimme, die ihm zurief: „Wenn er das Wassergefäß nimmt, wird er und sein Volt ertränkt, greift er nach dem Wein, so wird er und sein Volk in Irrtum verfallen, zieht er aber die Milch vor, so wird er und sein Volk geleitet." „Ich nahm daher," so erzählte Mohammed selbst, „das Milchgefäß und trank daraus, und Gabriel sagte mir: „Du wirst geleitet und dein Volk mit dir, o Mohammed!"

Mohammed kehrte dann nach Mekka zurück und erzählte es am folgenden Morgen den Kureischiten. Die meisten Leute sagten: „Das ist doch, bei Gott, eine klare Sache! Mohammed will in einer Nacht die Reise nach Syrien hin und zurück gemacht haben, während eine Karawane zwei Monate dazu braucht." Viele Moslems vielen wieder vom Islam ab, andere kamen zu Abu Bekr und sagten ihm: „Was hältst du von deinem Freunde, welcher behauptet, er sei diese Nacht in Jerusalem gewesen, habe dort gebetet und die Reise hierher wieder zurück gemacht?" Abu Bekr antwortete: „Ihr dichtet ihm Lügen an." Da sagten sie: „Nicht so, er ist dort im Tempel und erzahlt selbst davon." Abu Bekr versetzte: „Bei Gott, wenn er es selbst sagt, so ist es auch wahr, und was ist so Unglaubliches daran? Glaube ich es doch, wenn er mir sagt, die Offenbarung komme vom Himmel zur Erde herab in einer Stunde des Tages oder der Nacht, und das ist doch weiter als das, was euch so wunderbar erscheint." Er begab sich dann zu Mohammed und sagte: „Hast du, o Prophet Gottes, diesen Leuten gesagt, du seiest in Jerusalem gewesen" Er antwortete: „Ja." Da sagte Abu Bekr: „Beschreibe mir es, ich bin schon dort gewesen." Mohammed fing dann an die Stadt zu beschreiben, und sooft er einen Stadtteil beschrieben hatte, sagte Abu Bekr: „Du hast wahr gesprochen, ich bezeuge, daß du ein Gesandter Gottes bist." Als er geendet hatte, sagte er zu Abu Bekr: „Du, Abu Bekr, bist der Wahrhaftige." Und von diesem Tage an wurde er der Wahrhaftige genannt.

Einer aus der Familie Abu Bekrs hat mir erzählt, Aischa habe gesagt: „Mohammeds Körper wurde nicht vermißt, sondern Gott ließ seinen Geist reisen." Mohammed pflegte zu sagen: „Mein Auge schläft, mein Herz wacht." Gott weiß, wie dies war, und in welchem zustande er, nach Gottes Befehl, dies alles gesehen hat, ob wachend oder schlafend, es war immerhin wahr.

Von der Himmelfahrt und den Wundern, die Mohammed dabei gesehen

Ein zuverlässiger Mann hat mir von Abu Said Alchudri berichtet, er habe gehört, wie Mohammed erzählte: „Als ich in Jerusalem das Nötige vollbracht hatte, brachte man mir eine Leiter, wie ich nie etwas Schöneres gesehen habe; es ist die, nach welcher die Toten bei der Auferstehung ihre Blicke richten. Mein Freund (Gabriel) ließ mich hinaufsteigen, bis wir an eines der Himmelstore kamen, welches das Tor der Wache hieß. Hier stand ein Engel, welcher Ismael hieß, er hatte über zwölftausend Engel zu gebieten, denen jedem wieder zwölftausend Engel untergeordnet waren. Bei dieser Erzählung sagte Mohammed: „Nur er kennt die Scharen deines Herr." Ismael fragte, als ich an das Tor kam: „Wer ist dieser,

Gabriel?" Er antwortete: „Es ist Mohammed." Er fragte dann wieder: „Ist er schon als Prophet geweiht?" Gabriel antwortete: „Ja." Da sagte er: „Gut." und wünschte mir Glück. Mohammed sagte: „Als ich in den unteren Himmel kam, begegneten mir alle Engel mit lachendem, heiterem Gesichte und wünschten mir Glück, nur ein Engel wünschte mir Glück, ohne daß er lachte oder vergnügt aussah; ich fragte daher Gabriel, warum gerade dieser Engel kein heiteres, lachendes Gesicht zeigte wie die anderen. Gabriel antwortete: „Er würde dir entgegenlachen, wenn er es je vor einem anderen getan hätte oder tun würde, aber der lacht nie, es ist Malik, der Herr der Hölle. Da sagte ich zu Gabriel, der an diesem Orte nach Gottes Willen zu gebieten hatte und dem man vertrauen konnte: „Willst du ihm nicht befehlen, mir das Feuer der Hölle zu zeigen?" Er sagte: „Ja." und erteilte Malik den Befehl dazu. Dieser hob den Deckel weg, und das Feuer tobte und stieg in die Höhe, so daß ich glaubte, es würde alles verzehren, was ich vor mit sah; ich bat daher Gabriel, ihm zu befehlen, es wieder zurückzudrängen; Gabriel tat dies, und Malik rief: „Weiche zurück!" Da kehrte es wieder dahin zurück, wo es hergekommen war, und es kam mir gerade vor, als wenn plötzlich ein Schatten gefallen wäre; dann schob Malik wieder den Deckel vor."

Nach Abu Saids Bericht hat Mohammed gesagt: „Als ich in den unteren Himmel kam, sah ich einen Mann da sitzen, welchem die Seelen der Menschen vorgestellt wurden. Er freute sich mit den einen und sagte: „Gute Seele, aus gutem Körper herausgekommen"; bei anderen machte er ein finsteres Gesicht und rief: „Pfui, häßliche Seele, aus häßlichem Körper herausgekommen". Ich fragte Gabriel: „Wer ist dieser Mann?" Er antwortete: „Er ist dein Vater Adam, dem die Seelen seiner, Nachkommen vorgestellt werden; er freut sich mit den Gläubigen und sagt: Gute Seele aus gutem Körper; bei den Ungläubigen wird er betrübt und mit Abscheu erfüllt, und er sagt: Häßliche Seele aus häßlichem Körper." Dann sah ich Männer mit Kamellippen, welche Stücke Feuer in der Hand hatten, so groß, daß sie die ganze Hand ausfüllten; dieses Feuer warfen sie in ihren Mund, und es kam von hinten wieder heraus. Ich fragte Gabriel: „Was sind das für Leute? Er antwortete: „Es sind Menschen, welche das Gut der Waisen ungerechterweise verzehrt haben." Dann sah ich Männer mit Bäuchen, wie ich sie nie gesehen; auf dem Wege fielen Krokodile wie rasende Kamele über sie her und trieben sie zur Hölle, dann traten sie auf ihnen herum, so daß sie sich nicht mehr von der Stelle bewegen konnten. Ich fragte Gabriel: „Wer sind die?" Er antwortete: „Dies sind Wucherer." Dann sah ich Männer, die gutes, fettes Fleisch vor sich hatten und daneben schlechtes, stinkendes, die aber doch von diesem aßen und jenes liegen ließen. Ich fragte Gabriel, was das für Leute wären. Er antwortete: „Es sind solche welche die Frauen, die ihnen Gott erlaubt hat, verschmähen und sich denen zuwenden, die ihnen Gott verboten hat." Dann sah ich Frauen, die an ihren Brüsten aufgehängt waren; ich fragte Gabriel: „Wer sind die?" Er antwortete: „Es sind solche, welche ihren Männern fremde Kinder unterschieben."

Nachdem er zum siebenten Himmel gelangt war, führte ihn Gabriel zu seinem Herrn, und er schrieb ihm fünfzig Gebete täglich vor. „Als ich," so erzählt Mohammed weiter, „auf dem Rückwege wieder an Moses, euerm guten Herrn, vorüberkam, fragte er mich, wie viele Gebete mir vorgeschrieben worden seien. Ich antwortete: „Fünfzig täglich." Da sagte er: „Das Gebet ist mühsam, und dein Volk ist schwach, geh zu deinem Herrn zurück und bitte ihn, daß er es dir und deinem Volke leichter mache." Ich folgte diesem Rate, und es wurden mir zehn abgenommen. Moses fand aber vierzig noch zu viel und riet mir, um weitere Erleichterung zu bitten, und es wurden mir abermals zehn abgenommen. Moses fand es aber immer noch zu viel, und ich kehrte so oft wieder zurück, bis mir endlich nur fünf Gebete täglich auferlegt wurden. Als Moses auch jetzt noch mich zur Rückkehr bewegen wollte, sagte ich: „Ich habe nun so oft schon um Erleichterung angehalten, daß ich mich schäme, es nochmals zu tun."

Wer aber täglich fünfmal in vollem Glauben und aus Liebe zu Gott betet, erhält den Lohn von fünfzig Gebeten, wie sie ursprünglich vorgeschrieben waren. Gottes Segen über Mohammed und sein Geschlecht!

Beschreibung Mohammeds

Omar, ein Freigelassener des Chufara, hat von Ibrahim Ibn Mohammed Ibn Ali berichtet, Ali habe folgende Schilderung von Mohammed gemacht: „Er war weder zu lang noch zu kurz, von mittlerer Statur, sein Haar war nicht zu krausig, nicht zu wallend, sein Gesicht war nicht zu voll und nicht zu fleischig, es war weiß, mit Röte gemischt, er hatte schwarze Augen, lange Augenwimpern, einen starken Kopf und feste Schulterknochen, wenige feine Haare an der Brust, volle Hände und Füße; er ging so leicht, als schwebte er auf dem Wasser, und wenn er nach einer Seite hinblickte, drehte er sich um. Zwischen seinen Schultern war das Siegel des Prophetentums, seine Hände waren die freigebigsten aller Menschen, seine Brust war die mutigste, seine Zunge die wahrhaftigste, er war der Treueste gegen seine Schützlinge, der Sanfteste und Angenehmste im Umgang; wer ihn plötzlich sah, war von Ehrfurcht erfüllt, wer ihm näher kam, liebte ihn, wer ihn beschrieb, mußte sagen: „Ich habe vor und nach ihm nicht seinesgleichen gesehen."

Die Hedschra

Die Feindschaft der herrschenden Familien in Mekka legt Mohammed den Gedanken der „Hedschra" – der Auswanderung, nicht Flucht - nahe. Ein Versuch, im benachbarten Taif Fuß zu fassen, mißlingt. In Jathrib – seit Mohammeds Übersiedelung Medina genannt – sind die Verhältnisse günstiger. Die zahlreichen in der Stadt wohnenden Juden hatten den Einwohnern von einem künftigen Gottgesandten erzählt. Von einem solchen erwarteten sie, zugleich Schlichtung der beständigen Streitigkeiten zwischen ihren beiden Stämmen. So schlägt der Islam in Medina überraschend schnell Wurzel, und der Auswanderung der Gläubigen aus Mekka folgt die des Propheten selbst. Der Tag seiner Ankunft in Medina, der 5. Juli 622, ist der Ausgangstermin der mohammedanischen Zeitrechnung.

Tod Abu Talibs und Chadidjehs

Dann starb Abu Talib und Chadidjeh in einem Jahre, dadurch wurde Mohammed von großem Unglück heimgesucht, denn diese war ihm eine treue Stütze im Islam, bei der er Beruhigung fand, und jener war ihm ein Verteidiger und Beschützer gegen seine Stammesgenossen. Sie starben beide drei Jahre vor der Auswanderung nach Medina. Nach dem Tode Abu Talibs mißhandelten die Kureischiten Mohammed in einer Weise, wie sie es bei seiner Lebzeit nicht gewagt hatten; einer ihrer Toren ging sogar so weit, daß er ihm Staub aus den Kopf streute. Als dies geschah, ging Mohammed in seine Wohnung und hatte noch den Staub auf dem Kopfe; eine seiner Töchter wusch ihm weinend den Kopf, er aber sagte: „Weine nicht, mein Töchterchen, Gott wird deinen Vater beschützen." Dazwischen sagte er: „Solang Abu Talib lebte, konnten mit die Kureisch nichts Unangenehmes antun."

Wie Mohammed bei den Thakifiten Beistand sucht

Nach dem Tode Abu Talibs erlitt Mohammed von den Kureisch Kränkungen, wie er sie beim Leben seines Oheims nie erlitten hatte; er ging daher allein nach Taif[15] und bat die Thakifiten, ihm beizustehen, und ihn gegen seine Stammesgenossen zu beschützen, auch hoffte er, sie würden seine Offenbarung annehmen. Als Mohammed nach Taif kam, begab er sich zu den Edelsten der Thakifiten; es waren drei Brüder: Abd Jalil, Masud und Habid, Söhne des Umr Ibn Omeir. Einer von ihnen hatte eine Fran von den Kureischiten, aus dem Geschlechte der Benu Djumah. Er setzte sich zu ihnen, forderte sie auf, an Gott zu glauben und dem Islam beizustehen, und ihn gegen sein Volk zu beschützen. Da sagte der eine, welcher das Gewand der Kaaba herrichtete: „Wenn Gott dich gesandt hat." Der andere sagte: „Hat Gott keinen anderen Gesandten finden können als dich?" Der Dritte sagte: „Bei Gott, ich spreche nicht mit dir; denn bist du, wie du behauptest, von Gott gesandt, so ist es zu gefährlich, dir zu widersprechen, und lügst du, in Bezug auf Allah, so

---

[15] Eine der wenigen Städte Mittelarabiens, noch heute berühmt durch ihre fruchtbare Umgebung, ihre Weinberge und Gärten, fünfzehn Meilen von Mekka.

mag ich nichts mit dir reden." Mohammed erhob sich hierauf und hoffte nichts Gutes mehr von den Thakifiten. Wie mir berichtet worden ist, soll er ihnen gesagt haben: „Wenn ihr so gegen mich verfahret, so haltet es wenigstens geheim," denn er wünschte, daß seine Leute nichts davon hörten, damit sie nicht dadurch noch mehr gegen ihn aufgestachelt würden.

Sie taten dies aber nicht, sondern sie hetzten ihre Toren und ihre Sklaven gegen ihn, daß sie ihn schmähten und anschrien, so daß sich viele Leute um ihn versammelten, und er genötigt war, sich in einen Garten zu flüchten, welcher Otba und Scheiba Ibn Rabia gehörte, und in welchem diese sich gerade befanden. Seine Verfolger zogen sich nun zurück, und er setzte sich in den Schatten eines Weinstocks, und die Söhne Rabias blickten nach ihm und sahen, was ihm von den Toren Taifs widerfahren war. Wie mir berichtet worden ist, begegnete Mohammed der Fran von den Benu Djumah und sagte ihr: „Wie sind mir deine Schwager begegnet!"

Als er in Sicherheit war, sagte er: „Gott! Ich klage dir meine Schwäche und Ohnmacht gegen die Menschen, o Barmherzigster, du bist der Herr der Schwachen und du bist mein Herr! Wen gibst du mir als Beistand? Den Fernen, der mich verstößt, oder den Feind, dem du Gewalt über mich gegeben? Doch wenn du mir nicht zürnst, so kümmere ich mich um nichts, deine Gnade umfaßt mich, ich flüchte mich zu dem Lichte deines Antlitzes, das das Dunkel beleuchtet, und durch welches diese und jene Welt gedeiht, und beschwöre dich, lasse deinen Zorn und Unwillen nicht auf mich herabkommen, sei nachsichtig, bis du wieder Wohlgefallen an mir findest, es gibt keine Kraft und keine Macht außer bei dir."

Anfang des Islam unter den Bewohnern von Medina

Als Gott seinem Glauben den Sieg verschaffen, seinen Propheten verherrlichen und ihm sein Versprechen erfüllen wollte, ging Mohammed, wie gewöhnlich zur Zeit des Pilgerfestes, zu den Kabilen, um sich ihnen als Propheten vorzustellen, und begegnete an der Anhöhe einer Anzahl Chazradjiten[16], durch welche Gott Gutes bezweckte. Mohammed fragte die Chazradj, denen er begegnete: „Wer seid ihr?" Sie antworteten: „Wir sind Chazradjiten." Da fragte Mohammed wieder: „Seid ihr die Freunde der Juden?" Und sie sagten: „Ja." Er lud sie dann ein, sich zu ihm zu setzen, trug ihnen die Lehre des Islam vor und las ihnen den Koran vor.

Es gehört zu Gottes Werken, daß die Juden, die Männer der Schrift und der Wissenschaft, welche unter den Chazradj, den Götzendienern, wohnten und von ihnen unterdrückt wurden, oft bei Streithändeln sagten: „Die Zeit ist nahe, in welcher ein Prophet auferstehen wird, wir werden ihm folgen, und mit seiner Hilfe euch wie Aad und Iram vertilgen." Als daher Mohammed jetzt diese Leute aufforderte, an Gott zu glauben, sagte einer zum andern: „Wisset, dies ist der Prophet, mit welchem euch die Juden bedroht haben, drum lasset uns ihm zuvorkommen!" So kam es, daß sie Mohammed Gehör schenkten, an ihn glaubten und sich zum Islam bekehrten.

---

[16] Der größere der beiden Arabstämme, die Medina bewohnten. Der andere Stamm sind die Ansiten.

Sie sagten auch zu Mohammed: „Wir kommen von einem Volke, unter welchem viele Bosheit und Feindschaft herrscht, vielleicht wird es Gott durch dich einig machen, wir werden es zu dem Glauben auffordern, zu dem wir uns nun bekennen, und wenn Gott es um dich vereint, so gibt es keinen stärkeren Mann als du bist." Hierauf kehrten sie als Gläubige in ihre Heimat zurück.

Als diese sechs Männer nach Medina kamen, sprachen sie mit ihren Stammesgenossen von Mohammed und forderten sie zum Islam auf, so dass bald in jedem Hause von dem Gesandten Gottes die Rede war.

Von der ersten Zusammenkunft auf der Anhöhe, von der Sendung des Mussab Ibn Omeir und was damit zusammenhing

Im folgenden Jahre kamen zwölf Männer von Medina zum Pilgerfeste, und sie begegneten Mohammed auf der Anhöhe, und dies nennt man die erste Zusammenkunft auf der Anhöhe. Iezid Ibn Abi Habib hat mir von Adi Marthad Ibn Abd Allah Uljezeni erzählt, der es von Abd Errahman Ibn Useilah Assunadji gehört, dem es Ubada Ibn Assamit mitgeteilt hat: „Ich war unter denen, die sich bei der ersten Zusammenkunft auf der Anhöhe befanden, wir waren unserer zwölf, und wir huldigten Mohammed nach Weise der Frauen, ehe der Krieg vorgeschrieben war. Wir verpflichteten uns, Gott keinen Genossen zu geben, nicht zu stehlen, keine Unzucht zu treiben, unsere Kinder nicht zu töten, nichts Falsches zu erdichten und Mohammed in allem Guten gehorsam zu sein; erfüllet ihr dieses, sagte er, so kommt ihr ins Paradies, übertretet ihr etwas davon, so ist es Gottes Sache, ob er euch strafen will, oder euch verzeihen."

Als die Leute wieder abreisten, sandte Mohammed Mussab Ibn Omeir mit ihnen, um sie den Koran und den Islam zu lehren und im Glauben zu unterrichten. Mussab wurde in Medina der Lesemeister genannt, und er wohnte bei Asad Ibn Zurara. Assim Ibn Omar hat mir erzählt, er habe Ihnen vorgebetet, denn die Aus und Chazradj wollten nicht, daß einer von ihnen dem anderen vorbete.

Von der zweiten Zusammenkunft auf der Anhöhe

Mussab Ibn Omeir kehrte dann mit anderen Medinensern, teils Moslems, teils Ungläubigen, zum Pilgerfeste nach Mekka zurück, und als Gott in seiner Gnade dem Propheten beistehen, den Islam und seine Bekenner verherrlichen und den Götzendienst und seine Bekenner demütigen wollte, verabredeten sie wieder eine Zusammenkunft mit Mohammed. Mabad Ibn Raab, ein Bruder der Benu Salama, hat mir berichtet, sein Bruder Abd Allah Ibn Raab, einer der gelehrtesten Anssar[17], habe ihm erzählt, sein Vater Raab, der selbst bei dieser Zusammenkunft auf der Anhöhe war und Mohammed daselbst huldigte, habe ihm gesagt:

„Wir waren dreiundsiebzig Männer und zwei Frauen. Als wir eine Weile in der Schlucht gewartet hatten, kam

---

[17] Anssar, Hilfsgenossen, werden seit der Hedschra die Gläubigen in Medina genannt, zum Unterschied von den Muhadschirun, den Ausgewanderten aus Mekka, und den Munafikun, den Heuchlern, dem Teil der Bewohner Medinas, die sich gegen den Islam lau verhielt.

Mohammed mit seinem Oheim Alabbas, welcher zwar damals noch Heide war, der aber doch gegenwärtig sein wollte, um für seinen Neffen ein festes Bündnis zu schließen. Als sie sich gesetzt hatten, ergriff Alabbas zuerst das Wort und sagte: „Ihr wisset, ihr Chazradjiten (die Araber nannten alle Medinenser so und verstanden auch die Ausiten darunter), dass Mohammed zu den Unsrigen gehört, wir haben ihn gegen diejenigen im Volke geschützt, die meine Ansicht über ihn teilen, er lebt in Kraft unter seinem Volke, und in Schutz in seiner Heimat, dem ungeachtet wünscht er sich zu euch zu verfügen und euch anzuschließen. Glaubt ihr, dass ihr erfüllen könnt, was ihr ihm versprechet, und daß ihr ihn gegen seine Feinde beschützen werdet, so übernehmet die Bürde, die ihr euch aufgeladen habt; glaubt ihr aber, daß ihr ihn tauschen und ausliefern werdet, so lasset ihn hier, denn er ist in seiner Heimat stark und geschützt." Wir antworteten: „Wir haben deine Worte vernommen, Mohammed mag nur sagen, wozu wir uns ihm und Gott gegenüber verpflichten sollen." Mohammed hielt eine Rede an uns, rief uns zu Gott auf, las den Koran vor und erweckte Liebe zum Islam in uns; dann sagte er: „Schwört mir, daß ihr mich vor allem bewahren werdet, wovor ihr eure Frauen und Kinder bewahret!" Albara Ibn Marur ergriff seine Hand und sagte: „Jawohl, bei dem, welcher dich als Propheten mit Wahrheit gesandt hat, wir werden dich wie unseren eigenen Körper beschützen, empfange unsere Huldigung, o Gesandter Gottes, bei Gott, wir sind Söhne des Krieges und Männer der Waffen, die wir ein Mächtiger vom andern geerbt haben:" Während Albara so sprach, unterbrach ihn Abu-l-

Heitham Ibn Attitan und sagte: „Gesandter Gottes, es bestehen Bande zwischen uns und anderen" - er meinte damit die Juden -, „die wir nun zerreißen werden, tun wir dieses und Gott verschafft dir Sieg, wirst du uns dann verlassen und in deine Heimat zurückkehren?" Mohammed antwortete: „Euer Blut ist mein Blut, was ihr vergießet, vergieße auch ich, ihr gehört zu mir, und ich gehöre zu euch, ich bekriege, wen ihr bekrieget, und schließe Frieden, mit wem ihr Frieden schließt." Raab erzählt ferner: „Mohammed habe sie aufgefordert, ihm zwölf Vorgesetzte zu bezeichnen, die ihre Angelegenheiten leiten sollten, und sie wählten als solche neun Chazradjiten und drei Ausiten.

Auswanderung der Gläubigen nach Medina

Vor der Huldigung auf der Anhöhe hatte Mohammed nicht die Erlaubnis, Krieg zu führen und Blut zu vergießen, er sollte nur zu Gott aufrufen, die Beleidigungen mit Geduld ertragen und dem Unwissenden verzeihen. Als nun die Kureischiten sich von Gott abwendeten und die von Gott ihnen zugedachte Gnade zurückwiesen, den Propheten einen Lügner nannten und die, welche Gott allein anbeteten und an Mohammed glaubten und an seinem Glauben festhielten peinigten und verbannten, da erlaubte Gott Mohammed Krieg zu führen und sich gegen die, welche den Seinigen Gewalt antun, zu verteidigen. Als Mohammed die Erlaubnis Krieg zu führen erhielt, und als der Stamm der Hilfsgenossen ihm schwur, den Islam anzunehmen und ihm und seinen Anhängern unter den ihm zugeneigten Gläubigen beizustehen, befahl er seinen Gefährten, sowohl denen, die schon ausgewandert waren, als denen, die bei ihm in Mekka geblieben, sich nach Medina zu begeben und dort ihren Brüdern von den Anssar anzuschließen. Er sagte ihnen: Gott hat euch Brüder and einen sicheren Aufenthaltsort gegeben. Sie zogen nun truppweise ab, Mohammed selbst blieb aber noch in Mekka und wartete, bis ihm Gott erlauben werde, auch nach Medina auszuwandern.

Versammlung der Häupter der Kureisch und ihre Beratung über Mohammed

Als die Kureisch sahen, daß Mohammed Gefährten und Anhänger außerhalb ihres Stammes in fremdem Lande gewonnen hatte, zu welchen seine Freunde auswanderten, erkannten sie, daß sie Schutz und Zuflucht gefunden, und fürchteten, Mohammed möchte sich auch zu ihnen begeben, entschlossen, Krieg gegen sie zu führen. Sie kamen daher im Rathause zusammen, in welchem alle Beschlüsse gefaßt wurden, und berieten, was sie in Bezug auf Mohammed, den sie nun mehr fürchteten, tun sollten.

Da kam Iblis[18] in der Gestalt eines alten Mannes, in einem abgetragenen Oberkleide und stellte sich an die Türe des Rathauses. Als die Kureisch fragten, wer er sei, sagte er: ein alter Mann aus Redjd[19], der gehört hat, was ihr verabredet habt, und der hier erschienen ist, um eure Worte zu vernehmen, und euch vielleicht wohlgemeinten Rat erteilen kann. Sie sagten: gut, und ließen ihn eintreten. Hier waren die edelsten Kureisch vereinigt. Einer

---

[18] Der Teufel.
[19] Landschaft im Innern Arabiens.

sagte zum andern: „Ihr habt gesehen, wohin die Suche dieses Mannes gelangt ist, bei Gott, wir sind nicht sicher, daß er nicht mit seinen Anhängern aus fremden Stämmen über uns herfällt, darum vereinigt euch über einen Entschluß gegen ihn!" Nach einiger Beratung sagte einer: „Werfet ihn in Ketten und sperret ihn ein, dann wartet, bis es ihm geht, wie anderen Dichtern vor ihm, Rabigha und Zuheir und anderen, die in ähnlicher Weise umgekommen sind." Darauf sagte der Greis aus Redjd: „Das ist kein guter Rat, bei Gott, wenn ihr ihn einsperrt, so wird die Sache durch die Türe, hinter welcher ihr ihn eingeschlossen habt, zu seinen Gefährten gelangen; sie könnten leicht euch überfallen, und ihn aus euern Händen befreien, dann durch ihn an Zahl zunehmen und euch überwinden, darum schaffet einen besseren Rat!" Nach abermaliger Beratung sagte einer: „Wir wollen ihn aus unserer Mitte verstoßen und aus unserem Lande verbannen, ist er fern von uns, so mag er hingehen, wo er will, wir haben Ruhe vor ihm und ordnen unsere Angelegenheiten und stellen wieder die Eintracht her." Der Alte aus Redjd sagte aber: „Auch dieser Rat taugt nichts, habt ihr nicht seine schönen Reden und seine süße Sprache vernommen und gesehen, wie er damit die Herzen der Männer gewinnt? Bei Gott, tut ihr dies, so stehe ich nicht dafür, dass er nicht bei einem Beduinenstamme sich niederlasse und ihn durch seine Reden gewinne, bis er ihm folgt, dann zieht er gegen euch und bezwingt euch, nimmt euch die Herrschaft ab und verfährt mit euch, wie es ihm gut dünkt, darum schaffet einen anderen Rat!"

Da sagte Abu Djahl: „Bei Gott, mir fällt etwas ein, auf das noch niemand von euch gekommen ist," und als sie fragten, was es wäre, sagte er: „Meine Ansicht ist, daß wir aus jeder Kabileh einen jungen, kräftigen, angesehenen Mann von guter Familie wählen, und ihnen ein schneidendes Schwert übergeben; sie sollen wie ein Mann über ihn herfallen und ihn erschlagen, dann haben wir Ruhe vor ihm; tun sie dies, so ist sein Blut über sämtliche Kabilen zerstreut; die Söhne Abd Eddars können nicht ihr ganzes Volk bekriegen, sie werden sich mit dem Sühnegeld zufriedengeben, das wir ihnen bezahlen wollen." Da sagte der Greis aus Redjd: „Der Rat dieses Mannes ist der einzige gute Rat." Die Versammlung war damit einverstanden und ging auseinander.

Mohammed verläßt seine Wohnung und Ali bleibt auf dessen Bette

Da kam Gabriel zu Mohammed und sagte: „Bringe diese Nacht nicht auf dem Bette zu, auf dem du gewöhnlich schläfst." Als ein Drittel der Nacht vorüber war, sammelten sich die Kureisch vor seiner Türe und warteten bis er einschlafen werde, um über ihn herzufallen. Als Mohammed dies sah, sagte er zu Ali: „Schlafe auf meinem Bette, und hülle dich in meinen grünen Obermantel aus Hadhramaut[20]," in diesem pflegte Mohammed zu schlafen „sie werden dir nichts zuleide tun." Als die Kureisch vor Mohammeds Türe standen, sagte Abu Djahl, der auch unter ihnen war: „Mohammed glaubt, daß wenn ihr ihm folget, ihr Herren der Araber und der Perser werdet, daß ihr nach dem Tode wieder aufersteht und Gärten bekommt, wie die am Jordanfluß, wenn ihr ihm aber nicht

---

[20] Südliche Küstenlandschaft Arabiens.

folget, so wird er euch niederschlachten, nach eurem Tode werdet ihr aber wieder auferweckt und in der Hölle verbrannt."

Da trat Mohammed heraus, nahm eine Handvoll Erde, streute sie über ihr Haupt und sagte zu Abu Djahl „Jawohl, ich habe dies gesagt, und du bist einer der letzteren." Gott nahm ihnen allen das Gesicht, so daß sie ihn nicht sahen; er aber las ihnen die Verse vor: „Bei dem weisen Koran, du bist ein Gesandter, auf geradem Wege" usw. bis zu den Worten: „Wir haben vor ihnen und hinter ihnen eine Scheidewand errichtet und sie in Finsternis gehüllt, daß sie nichts sehen." Als Mohammed diese Verse gelesen hatte, waren die Häupter aller Anwesenden mit Erde bedeckt, Mohammed aber ging nun wohin er wollte.

Dann kam jemand, der nicht zu ihnen gehörte, und fragte sie, auf wen sie warteten? Sie antworteten: auf Mohammed. Da sagte jener: Gott beschäme euch! Der ist längst zu euch herausgekommen, hat euch allen Erde auf das Haupt gestreut und ist seines Weges gegangen, seht ihr nicht, was an euch ist? Da griff jeder nach seinem Haupte und fand Erde daraus? Sie gingen dann ins Haus, fanden Ali auf dem Bette, in Mohammeds Mantel gehüllt, und sagten bei Gott, hier schläft Mohammed in seinen Mantel gehüllt, und sie blieben in dieser Meinung bis zum Morgen. Als endlich Ali vom Bette aufstand, sagten sie, der Mann, der uns angeredet hat, hat doch die Wahrheit gesagt.

Gott erlaubt Mohammed auszuwandern

Hierauf erlaubte Gott Mohammed auszuwandern. Abu Bekr, der ein reicher Mann war, hatte, sobald ihm Mohammed gesagt hatte, er sollte mit der Auswanderung nicht eilen, Gott könnte ihm einen Gefährten geben wollen und er hoffte, Mohammed werde dieser Gefährte sein, zwei Kamele gekauft, die er in seinem Hause fütterte, um sie für diesen Fall bereit zu haben. Mohammed verfehlte nie, des Morgens oder des Abends in die Wohnung Abu Bekrs zu kommen, an dem Tage aber, als ihm Gott die Erlaubnis zur Auswanderung gab, kam er zur Mittagsstunde. Als Abu Bekr ihn sah, sagte er: es muß etwas vorgefallen sein, daß Mohammed zu dieser Stunde kommt. Als er eintrat, trat Abu Bekr vom Sofa zurück und Mohammed setzte sich. Da sagte Mohammed: „Gott hat mit erlaubt, auszuwandern." Abu Bekr fragte: „Reisen wir zusammen?" und als Mohammed ja sagte, weinte jener vor Freude und Aischa sagte: „Ich habe früher nie gesehen, daß jemand vor Freude geweint hätte." Dann sagte Abu Bekr: „O Prophet Gottes! Ich habe schon zwei Kamele für diesen Fall bereitgehalten." Sie mieteten dann Abd Allah Ibn Arkat, einen Mann von den Benu Dual Ibn Bekr, der eine Gattin von den Benu Sahm Ibn Amr hatte und noch Götzendiener war, als Führer und übergaben ihm die Kamele, die er bis zur bestimmten Zeit weiden ließ. Wie ich vernommen habe, wußte kein Mensch etwas von der Abreise Mohammeds, außer Ali, Abu Bekr und seiner Familie. Mohammed hatte Ali von seiner Abreise benachrichtigt und ihm befohlen, in Mekka zu bleiben, bis er den Leuten das zurückgegeben, was sie Mohammed aufzubewahren gegeben hatten. Wer nämlich in

Mekka etwas hatte, das er zu verlieren fürchtete, gab es Mohammed aufzubewahren, weil er durch seine Redlichkeit und Treue bekannt war.

Von dem Aufenthalte Mohammeds und Abu Bekrs in der Höhle

Mohammed ging, als er auswandern wollte, zu Abu Bekr, und sie verließen zusammen Abu Bekrs Haus durch eine Öffnung, welche am Hinterteile des Hauses war, und begaben sich in eine Höhle des Berges Thaur, unterhalb der Stadt. Abu Bekr hatte seinen Sohn Abd Allah beauftragt, den Tag über zu hören, was die Leute von ihnen sagten, und es ihnen des Abends zu hinterbringen. Sein Freigelassener Amir Ibn Fuheira sollte am Tage seine Schafe auf die Weide führen und sie des Abends in die Höhle bringen und seine Tochter Asma ihnen des Nachts die nötigen Speisen zutragen. Mohammed blieb drei Tage mit Abu Belt in der Höhle, die Kureisch hatten, als sie ihn vermißten, hundert Kamele für den ausgesetzt, der ihn zurückbringen würde. Abd Allah brachte den Tag bei den Kureisch zu, um zu hören, was sie über Mohammed und seinen Vater sagten, und des Abends hinterbrachte er es ihnen. Ibn Fuheira mischte sich unter die anderen Hirten Mekkas, und des Abends führte er die Schafe Abu Bekrs nach der Höhle, damit sie melken und davon schlachten konnten, und wenn des Morgens Abd Allah die Höhle verließ, folgte ihm Amir mit den Schafen, um ihn zu verbergen. Als drei Tage vorüber waren und die Leute sich nicht mehr mit ihnen beschäftigten, ließen sie den Mann mit ihren beiden Kamelen kommen, den sie gemietet hatten und der auch ein drittes Kamel für sich heranführte. Asma brachte dann die Lebensmittel, hatte aber den Strick vergessen, an welchem der Schlauch angehängt werden sollte, sie nahm daher ihren Gürtel vom Leibe und benützte ihn als Strick, daher wurde sie auch Dsat Alnitak (die vom Gürtel) genannt. Abu Bekr führte das bessere Kamel Mohammed vor und sagte ihm: „Besteige es! Ich gebe meine Eltern für dich hin." Mohammed sagte: „Ich reite auf keinem Kamele, das nicht mir gehört." Abu Bekr versetzte: „Es gehört dir, du bist mir ja wie Vater und Mutter." Mohammed sagte: „Nein, um wie viel hast du es gekauft?" und als Abu Bekr den Preis nannte, sagte er: „Ich kaufe es um diesen Preis" und Abu Bekr verkaufte es ihm. Sie stiegen dann auf, und Abu Bekr ließ Amir hinter sich sitzen, um sie auf dem Wege zu bedienen, und sie reisten ab.

Mohammeds Ankunft in Medina

Mohammed Ibn Djafar hat mir von Urwa Ibn Azzubeir berichtet, der von Abd Errahman Ibn Uweim folgendes gehört hat: „Es haben mit einige Gefährten Mohammeds aus meinem Stamme erzählt. Als wir hörten, daß Mohammed Mekka verlassen hatte und wir seiner Ankunft entgegensahen, gingen wir nach dem Morgengebete nach dem steinichten Felde, um ihn zu erwarten, und blieben, bis wir keinen Schatten mehr fanden, dann kehrten wir um, denn es waren heiße Tage. Dies taten wir auch an dem Tage seiner Ankunft und wir waren schon wieder nach Hause zurückgekehrt, als er ankam. Ein Jude erblickte ihn zuerst, und da er gesehen hatte, wie wir ihn erwarteten, rief er laut: „O ihr Söhne Reilahs euer Glück ist angekommen" Wir gingen hinauf und fanden Mohammed im Schatten eines Dattelbaums, und bei ihm war Abu Bekr, der ihm an Jahren gleich war. Da die meisten von uns Mohammed früher nie gesehen hatten, so wußten sie, indem sie auf ihn zugingen, auch nicht, welcher von beiden Abu Bekr war, bis der Schatten von Mohammed wich und Abu Bekr ihn mit seinem Oberkleid beschattete, dadurch erkannten wir ihn."

Zeitbestimmung der Auswanderung

Mohammed kam nach Medina, als die Sonne heiß brannte und nahe daran war, sich nach Westen zu neigen und zwölf Nächte vom Monat Rabia-l-awwal vorüber waren. Mohammed war damals dreiundfünfzig Jahre alt und es waren dreizehn Jahre, seit er als Prophet gesandt worden war.

Der Prophet in Medina

In Medina wird der Islam zu einer Kirche mit festen Einrichtungen und zu einem Staat von kriegerischem Charakter. Durch erfolgreiche Feldzüge erlangt Mohammed unbestrittene Autorität in Medina. Der Krieg gegen den Hauptfeind Mekka und die Kureischiten schwankt wechselvoll hin und her. Der zehnjährige Friede, der Mohammed und seinen Glaubensgenossen die friedliche Wallfahrt zur Kaaba sichern soll, wird bald gebrochen.

Vom Bau der Moschee

Gott befahl Mohammed, eine Moschee zu bauen, und er blieb bei Abu Ejjub, bis seine Wohnungen und die Moschee gebaut waren. Er arbeitete selbst daran, um die Gläubigen anzuspornen, und sowohl die Ausgewanderten als die Hilfsgenossen arbeiteten mit Eifer daran. Ein Moslem hat folgenden Vers gedichtet: „Wenn wir mäßig blieben, während der Prophet arbeitet, so würden wir nicht recht handeln." Während des Baues sagten die Moslems folgenden Vers: „Nur das Jenseits ist das wahre Leben. Gott! erbarme dich der Hilfsgenossen und der Ausgewanderten!" Mohammed wiederholte dann dieselben Worte, nannte aber die Ausgewanderten zuerst.

Erste Kanzelrede Mohammeds

Wie mir von Abu Salama Ibn Abd Errahman berichtet worden ist, hat Mohammed in seiner ersten Kanzelrede (bewahre uns Gott davor, ihm etwas nachzuerzählen, was er nicht gesagt hat!), nachdem er Gott gelobt und gepriesen hatte, gesagt: „O ihr Leute! Schicket gute Werke für euch voraus! Wisset, bei Gott, es wird keiner von euch dem Tode entgehen, dann verläßt er seine Herde ohne Hirten, dann wird ihm Gott ohne Dolmetscher und ohne Kämmerer sagen: „Ist dir nicht mein Gesandter zugekommen und hat dir meine Botschaft gebracht? Ich habe dir Güter geschenkt und andere Wohltaten erzeigt, was hast du für deine Seele vorausgeschickt? Er wird dann nach rechts und nach links schauen und nichts finden, und er wird vorwärts blicken und nichts als die Hölle sehen. Wer sein Gesicht vor der Hölle bewahren kann, und wäre es nur mit einem Stück von einer Dattel, der mag es tun; wer nichts findet, der mag es durch ein gutes Wort tun, denn dadurch wird die Tat von zehn- bis siebenhundertmal vergolten. Heil über euch und Gottes Segen und Barmherzigkeit!"

Anfang des Gebetausrufens

Als Mohammed in Medina einen sicheren Aufenthalt gefunden hatte und seine Freunde, die Auswanderer, bei ihm vereinigt waren und die Angelegenheiten der Hilfsgenossen geordnet waren, wurde der Islam fest gegründet; das Gebet wurde verrichtet, Fasten und Armensteuer wurden geboten, das Strafrecht wurde vollzogen, das Erlaubte und Verbotene vorgeschrieben, und der Islam befestigte sich unter dem Stamme der Hilfsgenossen und durch ihre Hilfe, sowohl in Bezug auf den Glauben als auf die sichere Unterkunft der Bekenner desselben.

Als Mohammed nach Medina kam, versammelten sich die Leute zur bestimmten Zeit bei ihm zum Gebete, ohne Aufruf dazu. Mohammed ging damit um, wie die Juden, die Gläubigen durch eine Trompete zum Gebete zu rufen, dann mißfiel es ihm, später wollte er eine Glocke einführen, und es wurde eine gegossen, um zur Gebetzeit zu läuten. Inzwischen hatte Abd Allah ein Gesicht, in welchem ihm das Ausrufen gelehrt wurde. Er kam zum Propheten und sagte ihm: „Es ist diese Nacht ein wandernder Geist in Gestalt eines Mannes, der zwei grüne Kleider trug und eine Glocke in der Hand hatte, an mir vorübergegangen. Ich sagte zu ihm: „Diener Gottes! Willst du mir diese Glocke verkaufen?" Er fragte: „Was willst du damit tun?" Ich antwortete: „Wir wollen damit zum Gebete rufen." Da sagte er: „Ich will dir was Besseres zeigen", und als ich fragte: „Was denn?" sagte er: „Sprich viermal: Gott ist der Größte, dann: Ich bekenne, daß es keinen Gott gibt außer Gott und dass Mohammed ein Gesandter Gottes ist, ich bekenne, daß Mohammed ein Gesandter Gottes ist. herbei zum Gebete! Herbei zum Gebete! Herbei zum Heil! Herbei zum Heil! Gott ist der Größte, Gott ist der Größte, es gibt keinen Gott außer ihm." Als Mohammed dieses hörte, sagte et: „Das ist ein wahres Gesicht, so Gott will, geh und lehre es Bilal, er soll damit zum Gebete rufen, denn er hat eine bessere Stimme als du." Als Bilal zum Gebete rief, hörte es Omar in seinem Hause, er ging schnell zu Mohammed, schleppte sein Oberkleid nach und sagte: „O Prophet Gottes, bei dem, der dich mit Wahrheit gesandt hat, ich habe dasselbe Gesicht gehabt wie er" Mohammed sagte: „Gott sei gelobt!"

Kriegszug von Waddan

Dies war der erste Kriegszug Mohammeds. Er zog bis nach Waddan, und dieser Zug heißt auch der von Abwa. Er suchte die Kureisch und die Benu Dhamra auf. Die Benu Dhamra schlossen Frieden mit ihm, ihr Bevollmächtigter war Rachschii Ibn Amr, der zu jener Zeit ihr Führer war. Mohammed kehrte hierauf nach Medina zurück.

Sendung des Obeida Ibn Alharith

Dies ist das erste Fähnlein, das Mohammed aufsteckte. Mohammed sandte, während er in Medina blieb, Obeida Ibn Alharith mit sechzig oder achtzig Reitern von den Ausgewanderten, ohne einen einzigen Hilfsgenossen, gegen die Ungläubigen. Er ging bis zu einem Wasser im Hedschas, unterhalb Thanijat Almurat; hier traf er einen großen Haufen Kureischiten, es kam aber nicht zum Kampfe zwischen ihnen, nur Saad schoß einen Pfeil ab, und es war der erste Pfeil der im Islam geschleudert wurde. Man trennte sich dann, und die Moslems hatten den Rücken gedeckt.

Der große Feldzug von Bedr

Dann hörte Mohammed, daß Abu Sojjan Ibn Harb mit einer großen Karawane der Kureischiten, welche viele Güter mit sich führte, ans Syrien zurückkehre. Es waren dreißig bis vierzig Männer dabei. Als Mohammed hörte, daß Abu Sofjan aus Syrien komme, rief er die Gläubigen zusammen und sagte: „Hier kommt eine Karawane der

Kureischiten mit ihren Gütern beladen, ziehet ihr entgegen! Vielleicht wird sie euch Gott als Beute schenken." Die Leute sammelten sich. Manche kamen rasch herbei, andere säumten, weil sie nicht glaubten, daß es Mohammed zum Krieg kommen lassen werde. Abu Sofjan hatte, sobald er sich dem Hedschas näherte, Nachrichten eingezogen und jeden Reiter, dem er begegnete, besorgt ausgefragt, bis er endlich erfuhr, daß Mohammed seine Gefährten gegen ihn ausgerufen habe. Er wurde nun noch vorsichtiger und sandte Dhamdham Ibn Amr Alghifari als Mietboten nach Mekka, um die Mekkaner zum Schutze ihrer Güter herbeizurufen und ihnen zu sagen, daß Mohammed mit seinen Gefährten der Karawane entgegen ziehe. Dhamdham machte sich eiligst auf den Weg nach Mekka.

(Die Mekkaner schickten zum Schutz der Karawane ein Heer von neunhundertfünfzig Mann aus; zwischen ihm und dem Heer Mohammeds kam es bei der Karawanenstation Bedr, zwanzig Meilen westlich von Medina, zur Schlacht.)

Mohammed spornt seine Leute zum Kampfe an

Mohammed trat dann zu den Leuten heraus, um sie anzuspornen. Er sagte: „Bei dem, in dessen Hand Mohammeds Seele ist, es wird heute niemand, der dem Feinde entgegentritt und aus Liebe zu Gott im Kriege ausharrt, erschlagen, der nicht ins Paradies eingehe." Omeir Ibn Alhuman, ein Bruder der Benu Salama, welcher gerade einige Datteln verzehrte, die er in der Hand hatte, rief: „So liegt also zwischen mir und dem Paradies nur der Tod von der Hand dieser Leute?" Er warf dann die Datteln weg, ergriff sein Schwert und kämpfte, bis er getötet wurde.

Mohammed schleudert Kies gegen die Ungläubigen, und sie fliehen

Mohammed nahm dann eine Handvoll Kies, wendete sich gegen die Kureischiten, schleuderte ihn gegen sie und sagte: „Möge euer Gesicht entstellt werden!" Er befahl dann seinen Leuten, auf den Feind einzudringen, und seine Niederlage war entschieden. Gott tötete manche ihrer Edlen und ließ andere zu Gefangenen machen.

Wie die Ungläubigen in den Brunnen geworfen wurden

Mohammed ließ die Erschlagenen in eine Zisterne werfen, nur Omejja Ibn Chalaf wurde unter Erde und Steinen begraben, weil er so aufgeschwollen war, daß man ihm den Panzer nicht gleich abnehmen konnte; so blieb er allein übrig, und man ließ ihn liegen. Als die übrigen in der Zisterne waren, stellte sich Mohammed vor dieselbe und rief: „O ihr Männer der Zisterne! Hat die Verheißung eures Herrn sich bestätigt? Ich habe die Verheißung meines Herrn wahr gefunden." Seine Gefährten sagten: „O Gesandter Gottes! Sie sind ja Leichen." Mohammed erwiderte: „Sie wissen doch, daß die Verheißung des Herrn wahr geworden ist."

Die Lieder auf die Schlucht bei Bedr

Abd Allah Ibn Azzibari, der Sahmite, Schutzgenosse der Benu Abd Eddar, hat die Erschlagenen von Bedr in folgendem Gedichte beweint:

„Was liegen für edle Männer bei und um Bedr, mit strahlendem Gesichte! Sie haben Rubeih zurückgelassen und Munabbih und die Söhne Rabias, die besten Krieger gegen feindliche Scharen, Alharith den Spendenden, dessen Antlitz wie der Vollmond in dunkler Nacht leuchtete, Alaassi Ibn Munabbih den Festen, die vollkommene, makellose Lanze. Sein Stamm und seine Ahnen wurden groß durch ihn, Oheime von väterlicher und mütterlicher Seite wurden durch ihn verherrlicht. Weint jemand und klagt er seinen Schmerz, so tue er es über das ruhmvolle Oberhaupt, über den Sohn Hischams. Gott, der Herr aller Geschöpfe, grüße den Vater Welids und sein Geschlecht und zeichne sie durch Heil aus!"

Hassan Ibn Thabit erwiderte:

„Weine, mögen deine Augen Blut und Tränen vergießen, die immer wieder aufs Neue hervorstürzen. Was beweinest du die, die an Verstocktheit miteinander gewetteifert haben? Gedenkst du nicht der edlen Taten unserer Leute, nicht des preiswürdigen, unternehmenden, sanftmütigen, wahrhaftigen Propheten, des Freundes der Großmut und Freigebigkeit, des reinsten unter allen Herren im Rate? Seinesgleichen und das, wozu er aufruft, verdient allein mit Recht gelobt zu werden."

Abu Bekr Schaddad hat gedichtet:

„Du wirst begrüßt, o Mutter Bekrs, gibt es aber für mich noch Heil nach dem Verluste meines Volkes? Wie war einst Bedr der Sammelplatz von Sängerinnen und edlen Trinkgenossen! Wie waren einst bei dem Brunnen von Bedr Platten mit Kamelhöckern gekrönt, wie viele Kamel- und Schafherden weideten einst bei dem Wasser von Bedr, wie viele Fahnen und große Tafeln waren dort zusehen und hochherzige, freigebige Gefährten, Freunde des edlen Bechers und der Geselligkeit! Hättest du den Vater Akils gesehen und die Herren der starken Kamele, dann wärst du vor Schmerz um ihretwillen wie eine werfende Kamelin, die nicht weiß, was sie will. Der Bote sagt uns, wir werden leben, wie ist aber das Leben der Eule und der Vögel, die nach Rache schreien!"

Auszug der Kureisch zur Racheschlacht am Berge Dhod

Die Kureisch zogen mit ihrer ganzen Macht und Stärke, mit den Verbündeten und denen, welche ihnen von den Benu Kinana und den Bewohnern von Tehama folgten, aus, und auch ihre Frauen begleiteten sie, damit sie um so mutiger kämpfen und nicht entfliehen sollten. Abu Sofjan, der Oberfeldherr, nahm Hind, die Tochter Otbas, mit, und so oft Hind an Wahschi vorüberging, sagte sie ihm: „O Abu Dasama (so wurde er genannt), heile uns und schaffe dir selbst Genesung!" Die Kureischiten rückten vor bis an zwei Quellen im Gebirge, in der Vertiefung von Sabchah, bei Kanat, am Rande des Tales, gegenüber von Medina.

Mohammeds Gesicht

Als Mohammed und seine Gefährten hörten, wo die Kureisch sich niedergelassen, sagte er: „Bei Gott, ich habe ein wahres Gesicht gehabt, ich habe Stiere gesehen und eine Scharte an der Klinge meines Schwertes, auch habe ich meine Hand in einen starken Panzer gesteckt, welcher, nach meiner Deutung, Medina vorstellt." Mohammed fuhr dann fort: „Wollt ihr in Medina bleiben und den Feind in seinem Lager lassen, so wird er einen schlechten Standpunkt haben, wenn er dort bleibt, und wenn er zu uns hereindringt, so bekämpfen wir ihn in der Stadt." Abd Allah Ibn Obaii stimmte dieser Ansicht bei, und Mohammed selbst zog ungern dem Feinde entgegen, aber manche Moslems, die bei Bedr nicht mitgefochten hatten, solche, welche Gott auf Ohod den Märtyrertod sterben ließ, und andere sagten: „O Gesandter Gottes, führe uns dem Feinde entgegen, er soll uns nicht für schwach und feige halten." Abd Allah bat Mohammed, in Medina zu bleiben. „Wir sind nie," sagte er, „gegen einen Feind ausgezogen, ohne von ihm geschlagen worden zu sein, während noch keiner uns in der Stadt angegriffen hat, den wir nicht zurückgeschlagen haben, drum lasse sie; bleiben sie, so haben sie einen schlimmen, eingeschlossenen Stand, dringen sie in die Stadt, so treten ihnen unsere Männer entgegen, während unsere Frauen und Kinder Steine von oben herunter auf sie schleudern, und kehren sie um, so bleiben sie mit Schande bedeckt, wie sie gekommen sind." Aber die Kampflustigen bestürmten so lange Mohammed, bis er in seine Wohnung ging und seinen Panzer anzog - es war an einem Freitag, nach dem Gebete.

Mohammed betete dann noch für einen an diesem Tage verstorbenen Hilfsgenossen, Malik Ibn Amr, von den Benu Anaddjar, und begab sich hierauf zu den Truppen. Diese bereuten jetzt, was sie getan, und sagten: „Wir hätten Mohammed nicht nötigen sollen." Dann sagten sie zu ihm selbst: „Wir haben dich genötigt, das war nicht recht, wenn du willst, so bleibe, Gott sei dir gnädig!"

Mohammed antwortete: „Es ziemt einem Propheten nicht, wenn er einmal den Panzer angezogen hat, ihn wieder abzulegen, ehe er gekämpft hat." So zog er denn mit tausend seiner Gefährten.

Rückzug der Heuchler

Als sie in Schaut, zwischen Medina und Ohod, waren, trennte sich Abd Allah mit seinem Drittel der Leute von Mohammed und sagte: „Er schenkt anderen Gehör und folgt meinem Rate nicht, wir wissen nicht, ihr Leute, wozu wir uns hier dem Tode hingeben sollen," und kehrte mit den Heuchlern und Zweiflern aus seinem Volke wieder um. Abd Allah Ibn Amr, ein Bruder der Benu Salama, folgte ihnen und sagte: „Ich ermahne euch bei Gott, verlasset euer Volk und euern Propheten nicht in Gegenwart des Feindes!" Sie erwiderten: „Wüßten wir, daß es zum Treffen käme, so würden wir euch nicht preisgeben, aber das glauben wir nicht." Als sie in ihrer Widerspenstigkeit verharrten und durchaus umkehren wollten, sagte er: „Gott verdamme euch, Feinde Gottes, er wird euch seinem Propheten entbehrlich machen."

Mohammed rückte vor bis auf das Steinfeld der Benu Harith, da wedelte eine Stute mit dem Schwanze und traf den Haken, an welchem das Schwert hing, so daß es aus der Scheide fiel. Mohammed, welcher manches als Vorbedeutung ansah, ohne jedoch den Flug der Vögel oder dergleichen zu befragen, sagte zu dem Träger des Schwertes: „Zeichne dein Schwert, denn ich sehe, daß heute unsere Schwerter gezogen werden."

Schlachtruf Hinds, der Tochter Othas

Als der Zusammenstoß begann, erhob sich Hind mit den anderen Frauen, die bei ihr waren, und folgten den Männern mit Tamburinen und spornten sie zum Kampfe an. Hind rief ihnen unter anderem zu:

„Mutig, ihr Söhne Abd Eddars! Mutig, ihr Beschützer derer, die euch folgen. Hauet zu mit scharfen Klingen! Schreitet ihr vorwärts, so umarmen wir euch und breiten Polster vor euch aus, fliehet ihr aber, so scheiden wir voneinander nicht wie Liebende."

Das Losungswort der Gläubigen am Tage von Ohod war: „Töte! Töte!"

Tötung Hamzas, des Herrn der Märtyrer

Hamza stürzte sich in das Schlachtgetümmel, bis er Artat Ibn Add Schuhrabil, einen der Bannerträger, erschlug. Als hierauf Siba Ibn Abd Alluzza Alghubschani an ihm vorüberkam, welcher den Beinamen Abu Nijar führte, forderte er ihn zum Zweikampfe auf indem er ihm zurief: „Herbei, du Sohn der Beschneiderin!" (seine Mutter Umm Ammar, eine Freigelassene des Thakifiten Scherik Ibn Amr, beschnitt nämlich die Jungfrauen Mekkas) und erschlug ihn auch. Wahschi erzählt: „Ich sah Hamza, der wie ein dunkelbraunes Kamel die Menschen mit seinem Schwerte ohne Gnade wegmähte, als Siba vor mir sich ihm näherte. Er rief ihm zu: „Herbei, du Sohn einer Beschneiderin!" und versetzte ihm einen Hieb, verfehlte aber sein Haupt; ich schwang; alsbald meinen Speer und warf ihn in Hamzas Unterleib mit solcher Kraft, daß er zwischen den Füßen hervorkam, er taumelte mir entgegen, war aber überwunden und fiel um, und ich wartete, bis er tot war, dann zog ich den Speer heraus, begab mich stolz zum Heere zurück und sagte: „Nun brauche ich nichts weiter."

Was Mohammed am Tage von Ohod widerfahren ist

Die Moslems waren dann bloßgestellt, und der Feind brachte ihnen eine Niederlage bei. Es war ein Tag der Versuchung und Erprobung, an welchem Gott manche durch den Martyrertod verherrlichte. Zuletzt drang der Feind bis in die Nähe Mohammeds, welcher von einem Steine getroffen wurde, den Otba Ibn Abi Wakkas gegen ihn geschleudert hatte, so daß er umfiel, und es wurde ihm ein Vorderzahn ausgeschlagen, und er erhielt eine Wunde an der Wange und an den Lippen. Ali ergriff dann Mohammeds Hand, und Talah Ibn Obeid Allah hob ihn in die Höhe, bis er wieder aufrecht stand; Malik Ibn Sinan sog das Blut aus seinem Gesichte und verschlang es, und Mohammed sagte: „Wer mein Blut mit dem seinigen vermischt, bleibt von der Hölle unberührt."

Hinds Triumph

Hind, die Tochter Otbas, und die Frauen, die bei ihr waren, verstümmelten die gefallenen Gefährten Mohammeds und schnitten ihnen Ohren und Nasen ab. Hind machte aus den Ohren und Nasen der Männer Fuß- und Halsbänder und schenkte ihre Fuß- und Halsbänder und Ohrringe Wahschi, dem Sklaven des Djubeir Ibn Mutim. Sie schnitt auch die Leber Hamzas heraus, biß ein Stück davon, konnte es jedoch nicht verschlingen und spie es wieder aus. Dann bestieg sie einen hohen Felsen und rief mit lauter Stimme:

„Wir haben euch den Tag von Bedr heimbezahlt, und auf jenen Kampf folgte ein anderer, sehr heißer. Ich hielt es nicht mehr aus vor Schmerz über Otba, über meinen Bruder, seinen Oheim, und meinen Erstgeborenen. Nun habe ich meinem Herzen Linderung verschafft und mein Gelübde erfüllt. Wahschi hat den Brand meiner Brust geheilt, ich werde ihm stets dankbar sein, bis meine Gebeine im Grabe vermodern."

Hind, die Tochter des Uthathet, erwiderte hierauf:

„Du bist in Bedr und nach Bedr zuschanden geworden, du Tochter des verleumderischen Oberhauptes des Unglaubens. Gott hat dich am Tage eurer Ruchlosigkeit mit scharfen, schneidenden Schwertern heimgesucht. Hamza war mein Löwe und Ali mein Adler, als Scheiba und dein Vater mich hintergehen wollten, und sie jenem die Gegend des Halses rot färbten. Dein schlechtes Gelübde war ein Frevel."

Hind, Tochter Otbas, hat ferner gedichtet:
„Ich habe in Ohod an Hamza mein Herz geheilt, als ich ihm die Leber aus dem Leibe riß, dies löschte, was ich an heftig brennendem, dauerhaften Schmerze empfunden hatte. Der Krieg ist wie Hagelwolken über euch gekommen, mit Männern, die mutig vorschreiten wie Löwen."

Wie Ali den Kureischiten nachzog

Mohammed sandte Ali dem Feinde nach, um zu sehen, was sie vorhaben, und sagte ihm: „Wenn sie ihre Kamele besteigen und die Pferde an ihre Seite führen, so kehren sie nach Mekka zurück; besteigen sie aber die Pferde und treiben die Kamele vor sich her, wollen sie nach Medina; ist dies der Fall, so werde ich, bei dem, in dessen Gewalt meine Seele ist, ihnen entgegen ziehen und sie bekämpfen." Ali befolgte diesen Befehl und sah, wie sie ihre Kamele bestiegen, ihre Pferde an die Seite nahmen und die Richtung nach Mekka einschlugen.

(Die Mekkaner unternahmen dann in noch stärkerer Zahl mit mehreren verbündeten Stämmen einen neuen Zug gegen Medina.)

Wie man einen Graben grub

Als Mohammed von ihrem Anzug und von ihrem Vorhaben Kunde erhielt, ließ er Medina von einem Graben umgeben, und er arbeitete selbst mit, um den Gläubigen Verlangen nach dem Lohn einzuflößen. Die Gläubigen arbeiteten fleißig mit ihm, weniger die Heuchler, welche angeblich zu schwach zur Arbeit waren und ohne Wissen und Willen des Propheten nach Hause gingen. Die Gläubigen hingegen, wenn ihnen etwas Dringendes vorkam, trugen sie es Mohammed vor und baten ihn um Erlaubnis, ihr Geschäft abzumachen. Mohammed erlaubte es, und sobald sie ihr Geschäft abgetan hatten, kehrten sie zur Arbeit zurück aus Verlangen nach dem Segen Gottes, der es ihnen anrechnen werde.

(Nach vergeblicher Belagerung zogen die Kureischiten wegen Verpflegungsschwierigkeiten ab.)

Von der Verleumdung der Aischa, der Mutter der Gläubigen

Zuhri hat mir von Alkama Ibn Wakkaß, Said Ibn Djubeir, Urwa Ibn Zubeir und von Obeid Allah Ibn Abd Allah berichtet; einer hatte es vom anderen gehört und ihm einen Teil davon überliefert, das er nun als Ganzes erzählt. Jahja Ibn Abbad hat Mir von seinem Vater berichtet, der es von Aishha gehört hat, und Abd Allah Ibn Abi Bekr von Amrah, der Tochter Abd Errahmans, der es auch Aischa von sich selbst erzählt hat, als die Lügner die bekannten Worte über sie sagten; sämtliche Überlieferungen kommen in diesem Berichte vor, indem der eine dies, der andere jenes erzählt, ein jeder aber verdient Vertrauen, denn er berichtet, was er gehört hat. Aischa erzählt:

„Sooft Mohammed eine Reise unternahm, loste er unter den Frauen und nahm die mit, welche das Los traf. Bei dem Feldzuge gegen die Mostalik wurde auch gelost, und das Los traf mich, und Mohammed reiste mit mir ab. Zu jener Zeit nährten sich die Frauen nur mit dem Nötigsten; sie wurden nicht stark und schwer von dem Genusse des Fleisches. Wenn ein Kamel zur Reise bereit war, setzte ich mich in die Sänfte, dann kamen die Kameltreiber, fassten die Sänfte von unten und hoben sie auf den Rücken des Kamels und banden sie fest; dann zogen sie das Kamel am Kopfe und führten es fort. Als Mohammed von diesem Feldzuge heimkehrte, ritt er bis zu einer Station in der Nähe von Medina, dann stieg er ab und brachte hier die Nacht zu. Dann gab er wieder den Befehl zum Aufbruch, und die Leute zogen weiter, ich aber entfernte mich wegen eines Bedürfnisses, und ich hatte eine Halskette aus Steinen von Zafar an. Als ich fertig war, fiel sie mit von meinem Halse, ohne daß ich es merkte, und als ich zu den Kamelen zurückkehrte und nach meinem Halse griff, fand ich sie nicht; da kehrte ich nach der Stelle zurück, nach welcher ich gegangen war, und suchte sie, bis ich sie fand. Meine Kameltreiber waren aber schon früher hinter mir hergekommen, denn mein Kamel war schon bereit, und da sie fest glaubten, ich sei, wie gewöhnlich, in die Sänfte gestiegen, hatten sie sie auf das Kamel gehoben und festgegurtet und das Kamel fortgetrieben. Als ich daher zum Lager zurückkam, war kein Mensch da, denn alles war schon aufgebrochen; da hüllte ich mich in mein Oberkleid und legte mich, an dem Orte, wo ich war, nieder, denn ich wußte, daß man zu mir zurückkehren würde, sobald man mich vermissen würde.

Während ich so da lag, kam Safwan Ibn Almuattal, der Sulamite, vorüber, der wegen eines Geschäfts hinter dem Heere zurückgeblieben war und die Nacht nicht bei demselben zugebracht hatte. Als er mich bemerkte, ging er auf mich zu, bis er vor mir stand, denn er hatte mich früher schon gesehen, ehe wir uns verschleiern mußten, und rief: „Wir sind Gottes und kehren einst zu ihm zurück, es ist die Gattin des Gesandten Gottes! Ich hüllte mich in mein Gewand, und als er fragte: „Warum bist du zurückgeblieben? Gott sei dir gnädig!" gab ich keine Antwort. Er aber führte mir sein Kamel vor und sagte: „Besteige es!" Und ich trat wieder zurück. Als ich es bestiegen hatte, führte er es schnell fort, um die Leute noch einzuholen, aber, bei Gott, wir konnten sie nicht mehr einholen, auch wurde ich bis zum anderen Morgen, als die Leute abgestiegen waren, nicht vermißt, und als alle schon in Ruhe waren, kam Safwan und trieb mein Kamel heran. Da führten die Lügner die bekannten Reden, und die Truppen gerieten in Schrecken, aber, bei Gott, ich wußte von allem nichts.

Kaum in Medina angelangt, wurde ich sehr unpässlich, so daß ich von all den Reden nichts erfuhr. Sie drangen zwar auch zu Mohammed und meinen Eltern, aber sie erwähnten auch nicht das Geringste davon vor mir, ich vermißte jedoch bei Mohammed die Zärtlichkeit und Teilnahme, die er mir sonst bewies, wenn ich unwohl war und das befremdete mich, denn als er zu mir kam, während meine Mutter mich pflegte, sagte er nur: „Wie befindet sich diese?" ohne ein Wort hinzuzusetzen. Dies betrübte mich, und als ich seine Härte wahrnahm, sagte ich: „Wenn du es erlaubst, Gesandter Gottes, so gehe ich zu meiner Mutter, die mich pflegt." Er antwortete: „Nichts hindert dich daran." Da begab ich mich zu meiner Mutter und wußte noch immer von allem nichts, bis ich nach etwa zwanzig Tagen von meiner Krankheit genas.

(Aischa erfuhr jetzt die üble Nachrede.)

Mohammed setzte sich dann zu mir (bei mir waren meine Eltern und eine Frau der Hilfsgenossen, die mit mir weinte) und sagte, nachdem er Gott gepriesen hatte: „Du wirst gehört haben, Aischa, was die Leute sagen, fürchte Gott! Hast du, wie die Leute sagen, ein Unrecht begangen, so bekehre dich zu Gott, denn Gott nimmt die Buße seiner Diener an." Kaum hatte er so gesprochen, so ließen meine Tränen nach, bis ich keine mehr verspürte, ich erwartete, daß meine, Eltern für mich antworten würden, aber sie schwiegen, und ich hielt mich, bei Gott, zu gering und unbedeutend, als daß ich die Hoffnung hegte,

Gott werde um meinetwillen etwas offenbaren, das dann als Koran in den Moscheen gelesen und bei Gebeten gebraucht wird; das einzige, was ich hoffte, war, das Mohammed ein Gesicht haben werde, in welchem ihm Gott meine Unschuld zeigte oder ihn von meiner wahren Geschichte unterrichtete. Als nun meine Eltern nichts sagten, fragte ich sie warum sie nicht statt meiner Mohammed antworteten? Sie sagten: „Bei Gott, wir wissen nicht, was wir sagen sollen," Bei Gott, ich kenne keine Familie, die Schwereres getroffen hätte, als die Abu Bekrs in jenen Tagen. Als meine Eltern schwiegen, mußte ich aufs neue Tränen vergießen, dann sagte ich: „Ich werde wegen des von dir Erwähnten nie Buße tun, denn bestätige ich, was die Leute von mir sagen, während Gott meine Unschuld kennt, so habe ich Unwahres gesagt, leugne ich aber, was ihr sagt, so glaubet ihr mir nicht." Ich suchte dann in meinem Gedächtnis den Namen Jakob, fand ihn aber nicht, ich sagte daher: „Ich muß wie Josephs Vater sagen: Geduld ist schön, ich rufe Gott um Hilfe an gegen eure Schilderung."

Mohammed war noch nicht aufgestanden, als ihn wie gewöhnlich eine Ohnmacht überfiel, er wurde in sein Gewand gehüllt und man legte ein Lederkissen unter sein Haupt. Als ich dies sah, war ich weder verzagt noch besorgt, denn ich wußte, daß ich unschuldig war, und daß mir Gott kein Unrecht tun werde; meine Eltern aber, bei dem, in dessen Hand Aischas Seele ist, fürchteten, ehe Mohammed wieder zu sich kam, dermaßen, Gott möchte die Reden der Leute bestätigen, daß ich glaubte, die Angst würde sie töten.

Endlich kam Mohammed wieder zu sich und er setzte

sich aufrecht, und der Schweiß rann wie Perlen von ihm herab, obgleich es ein Wintertag war. Er wischte sich den Schweiß von der Stirne und sagte: „Empfange frohe Botschaft, Aischa! Gott hat deine Unschuld geoffenbart." Ich sagte: „Gott sei gepriesen!" Er trat dann zu den Leuten hinaus, hielt eine Predigt und las ihnen vor, was Gott über diese Sache im Koran geoffenbart hatte[21]; dann ließ er Hassan Ibn Thabit, Mistha Ibn Uthathet und Hamnah, welche die schlimmsten Nachreden geführt hatten, geißeln."

Die Gattinnen Mohammeds, die Mütter der Gläubigen
Mohammed hatte neun Frauen, Aischa, die Tochter Abu Bekrs, Hafssah, die Tochter Omars, Umm Habibeh, Tochter Abu Sofjans Ibn Harb, Umm Solamah, Tochter des Abu Omejja Ibn Almughira, Sauda, Tochter des Zamaa Ibn Keis, Zeineb, Tochter Djaschs Ibn Riab, Meimuneh, Tochter des Harith Ibn Hazn, Djuweirieh, Tochter des Harith Ibn Abi Dhirar, und Safeh, Tochter des Hujei Ibn Achtab, wie mit mehr als ein Gelehrter berichtet hat.

Im ganzen hatte Mohammed dreizehn Frauen geheiratet: die erste war Chadidjeh, die ihm ihr Vater Chuweiled Ibn Asad angetraut, der er zehn junge Kamele als Morgengabe geschenkt, und die ihm alle seine Kinder geboren, bis auf Ibrahim. Ihr erster Gatte war Haleh Ibn Malik von den Benu Useid, ein Schutzgenosse der Benu Abd Eddar, und sie gebar ihm Hind und Zeineb. Mohammed

---

[21] Die vierundzwanzigste Sure fordert bei der Bezweiflung der ehelichen Treue die Beibringung von vier Zeugen und bedroht die Verleumder züchtiger Frauen mit strengen Strafen im Diesseits und Jenseits.

heiratete Aischa in Mekka als sie erst sieben Jahre alt war, und vollzog die Ehe in Medina, als sie neun oder zehn Jahre alt war. Außer ihr hatte er keine Jungfrau geheiratet. Ihr Vater gab sie ihm zur Frau, und die Morgengabe betrug 400 Dirhem[22]. Saudah erhielt Mohammed von Selik Ibn Amr, und ihre Morgengabe betrug auch 400 Dirhem. Vor Mohammed war sie die Gattin Sakrans Ibn Amr. Zeinebs Vormund war ihr Bruder Abu Ahmed Ibn Djahsch, und auch sie erhielt 400 Dirhem als Morgengabe. Ihr erster Gatte war Zeid Ibn Haritha, der Freigelassene Mohammeds und in Bezug auf sie offenbarte Gott: „Und als Zeid sein Vorhaben an ihr vollbracht hatte, gaben wir sie dir zur Frau." Umm Salama, welche Hind hieß, empfing Mohammed aus der Hand ihres Sohnes Salam Ibn Abi Salam. Ihre Morgengabe war ein Bett mit Palmenfasern gestillt, ein Becher, eine Schüssel und eine Mühle. Ihr erster Satte war Abu Salama Abd Allah, und sie gebar ihm Salama, Omar. Zeineb, Rukkejeh. Hafssah erhielt Mohammed von ihrem Vater Omar, ihre Morgengabe waren 400 Dirhem; ihr erster Gatte hieß Chuneis Ibn Hudsafeh Ussahmi. Umm Habibeh, welche Ramleh hieß, gab ihm Chalid Ibn Said, mit welchem sie in Abessinien war, und der Radjaschi[23] gab ihr 400 Dirhem als Morgengabe an Mohammeds Stelle, auch hatte er für Mohammed um sie geworben. Ihr erster Gatte war Obeid Allah Ibn Djahsch Alasadi.

Djuweirijeh war unter den Gefangenen der Mostalik, von Chuzzaa, sie fiel dem Thabit Ibn Keis zu, der einen

---

[22] Orientalische Silbermünze, von der zur Zeit der Kalifen 20 - 25 auf einen Golddinar gingen.
[23] Der Herrscher Abessiniens.

Loskaufvertrag mit ihr schloß. Als sie zu Mohammed kam und ihn bat, ihr zum Loskauf behilflich zu sein, sagte er: „Willst du was Besseres als dies?" Sie sagte: „Was denn?" Er erwiderte: „Ich will dich loskaufen und heiraten." Als er nach Medina reiste, kam ihr Vater Alaharith Ibn Abi Dhirar mit dem Lösegelde für seine Tochter. In Ukik sah er die Kamele an, welche er gebracht hatte, um seine Tochter damit loszukaufen, und zwei derselben gefielen ihm so sehr, daß er sie in einer der Schluchten von Ukik verbarg, dann ging er zu Mohammed und sagte: „Ihr habt meine Tochter gefangengenommen, hier ist ihr Lösegeld." Da sagte Mohammed: „Wo sind die beiden Kamele, die du in Ukik in der und der Schlucht verborgen hast?" Da sagte Alharith: „Ich bekenne, daß es keinen Gott gibt außer Allah, und daß du ein Gesandter Gottes bist. Bei Gott, nur Allah wußte dies." Alharith bekehrte sich zum Islam mit zwei Söhnen und anderen Stammesgenossen, dann ließ er die zwei Kamele holen und sah sie Mohammed. Hierauf wurde ihm seine Tochter zurückgegeben, welche sich auch zum Islam bekehrte und eine fromme Gläubige wurde. Mohammed warb dann um sie bei ihrem Vater, er gab sie ihm zur Frau, und ihre Morgengabe betrug 400 Dirhem. Ihr erster Gatte war ihr Vetter Abd Allah.

Safijeh war eine Gefangene von Cheibar, welche Mohammed für sich wählte. Beim Hochzeitsmahl hatte Mohammed weder Fleisch noch Fett, es bestand aus Brei und Datteln. Ihr erster Gatte war Kanineh Ibn Rabia. Meinuneh erhielt Mohammed aus der Hand seines Oheims Alabbas zur Frau, der auch für ihn eine Morgengabe von 400 Dirhem spendete. Ihr erster Gatte war Abu Ruhm Ibn

Abd Aluzza. Nach andern gab sie sich selbst Mohammed. Er warb nämlich um sie, als sie auf ihrem Kamele saß; da sagte sie: „Das Kamel und was darauf gehört Gott und seinem Gesandten!" Darüber offenbarte Gott: „Wenn eine gläubige Frau sich dem Propheten schenkt." Nach anderen war es Zeineb, die sich dem Propheten schenkte, nach anderen Umm Scherif Ghazijeh, Tochter des Djabir Idn Wahad, von den Benu Munkins, nach anderen war sie von den Benu Sameh Ibn Lueii. Zeineb, welche wegen ihrer Mildtätigkeit Mutter der Armen genannt wurde, erhielt Mohammed von Kubeisseh Ibn Amr Alholali zur Frau, Mohammeds Morgengabe war 400 Dirhem; ihr zweiter Gatte war Obeida Ibn Alharith, und ihr erster ihr Vetter Djahm Ibn Amr.

Mit diesen elf Frauen hat Mohammed die Ehe vollzogen, zwei derselben, nämlich Chadidjeh und Zeineb, starben vor ihm, und neun, die wir schon erwähnt hatten, überlebten ihn. Mit zwei anderen vollzog er die Ehe nicht, mit Asma, Tochter Numans, vom Stamme Kindeh, an welcher er einen Aussatz fand, weshalb er sie mit der gebührenden Gabe ihrer Familie zurücksandte, und mit Amrah, Tochter Jezids, vom Stamme Kilab, welche erst vor kurzem Gläubige geworden war, und als sie zu Mohammed kam, ihre Zuflucht zu Gott vor ihm nahm. Da sagte er: „Wer zu Gott seine Zuflucht nimmt, der ist geschützt," und sandte sie ihrer Familie zurück. Nach andern war die Frau, welche ihre Zuflucht zu Gott nahm, eine Base der Asmah, Tochter Numans vom Stamme Kindeh. Nach anderen rief Mohammed die Frau zu sich, und sie antwortete: „Ich stamme von Leuten, zu denen man geht, die aber nicht zu anderen gehen." Da schickte er sie zu ihrer Familie zurück. Unter den Frauen Mohammeds waren sechs Kureischitinnen: Chadidjeh, Aischa, Hafsseh, Umm Habibeh, Umm Salameh und Saudeh, und sieben andere Araberinnen oder fremde Frauen: Zeineb, die Tochter Djahschs, Meimuneh, Zeineb, die Tochter Chuzeimahs, Djuweirijeh, Asma und Amrah. Nicht-Araberin war Safjeh von den Benu-l-Nadhir.

Zug nach Mekka

Mohammed brachte die Monate Ramadhan und Schawwal des Jahres VII in Medina zu, im Monat Dsu-l-Kaadah zog er aus, um zu pilgern, nicht um Krieg zu führen. Er rief die Araber herbei sowie die Beduinen, die um ihn herum lagerten, und forderte sie auf mit ihm zu ziehen, denn er fürchtete, die Kureisch möchten ihn bekriegen oder vom Tempel fernhalten. Viele Beduinen aber stellten sich nicht ein, er zog jedoch mit den Hilfsgenossen, den Ausgewanderten und den Arabern, die sich ihm angeschlossen hatten, von Medina weg und nahm die Opfertiere mit und legte das Pilgergewand an, damit man sicher sei, daß er keinen Krieg beabsichtige, und wisse, daß er nur aus Verehrung den Tempel besuchen wollte.

Mohammed ging bis Osfan, da begegnete ihm Bischr Ibn Sofjan Alkaabi und sagte ihm: „Die Kureisch haben von deinem Auszug gehört und sind mit ihren Milchkamelen ausgerückt und haben sich in Leopardenhaut gehüllt, sie lagern schon in Dsu Tawa und haben geschworen, dich nie einziehen zu lassen; Chalid Ibn Welid ist mit der Reiterei schon bis Kura Alghamim vorgerückt. Mohammed sagte: „Wehe den Kureisch! Schon hat sie der

Krieg zugrunde gerichtet, was hätte es ihnen geschadet, wenn sie mich die Sache mit den anderen Arabern hätten ausfechten lassen, hätten sie mich geschlagen, so wäre ja ihr Wunsch erfüllt worden, hätte mir Gott den Sieg verliehen, so hätten sie entweder in Masse sich zum Islam bekehren, oder mit voller Kraft mich bekämpfen können. Was glauben denn die Kureisch? Bei Gott, ich werde nicht aufhören für das, womit mich Allah gesandt hat, zu kämpfen, bis es Gott die Oberhand gewinnen läßt, oder bis dieser (mein) Hals ·durchgeschnitten wird."

Vom Frieden von Hudeibijeh

Die Kureisch sandten dann Suheil Ibn Amr zu Mohammed und beauftragten ihn, mit Mohammed Frieden zu schließen, jedoch nur unter der Bedingung, daß er dieses Jahr heimkehre, damit die Araber nicht sagen, er sei mit Gewalt eingezogen. Als Mohammed Suheil kommen sah, sagte er: „die Leute wollen den Frieden, da sie diesen Mann gesandt haben." Er sprach dann lange mit ihm, und nach diesem Hin- und Herreden kam der Friede zustande.

Als alles geordnet und nur der Vertrag zu schreiben war, sprang Omar zu Abu Bekr hin und sagte: „Ist er nicht ein Gesandter Gottes?" „Freilich." „Sind wir nicht Gläubige?" „Gewiß." „Sind sie nicht Götzendiener?" „Sicherlich." „Und warum sollen wir in unserem Glauben erniedrigt werden?" „Folge seinem Steigbügel, denn ich bekenne, daß er ein Gesandter Gottes ist." „Auch ich bekenne dieses." Omar ging dann zu Mohammed und fragte: „Bist du nicht ein Gesandter Gottes?" „Gewiß." „Sind wir nicht Gläubige?" „Sicherlich." „Sind sie nicht

Götzendiener?" „Unzweifelhaft." „Warum sollen wir in unserem Glauben uns erniedrigen?" „Ich bin ein Diener Gottes und ein Gesandter, und widersetze mich seinen Befehlen nicht, und er wird mich nicht zugrunde gehen lassen." - Omar sagte oft: „Ich höre nicht auf Almosen zu geben, zu fasten, zu beten und Sklaven zu befreien, aus Furcht wegen der Worte, die ich damals gesprochen, als ich hoffte etwas Gutes zu erzielen."

Mohammed rief dann Ali und sagte ihm: „Schreibe „Im Namen Gottes, des Gnädigen, des Barmherzigen""; Suheil aber sagte: „Diese Formel kenne ich nicht, schreibe: „In deinem Namen, Gott." „So schreibe dies!" Als Ali dies geschrieben hatte, fuhr Mohammed fort: „Das ist der Friedensschluß Mohammeds, des Gesandten Gottes, mit Suheil Ibn Amr," da sagte Suheil: „Wenn ich dich als Gesandten Gottes anerkenne, so würde ich dich nicht bekriegen, schreibe einfach deinen Namen und den deines Vaters!" Da sagte Mohammed: „So schreibe „Das ist der Friedensschluß Mohammeds Ibn Abd Allah mit Suheil Ibn Amr. Sie sind miteinander übereingekommen, den Krieg auf zehn Jahre einzustellen; es soll jeder während dieser Zeit sicher sein, und ein Teil gegen den anderen keine Feindseligkeit begehen. Kommen Überläufer von den Kureisch zu Mohammed ohne Erlaubnis ihrer Herren, so soll Mohammed sie zurückschicken, mohammedanische Überläufer aber sollen von den Kureisch nicht ausgeliefert werden. Es soll die Feindschaft tief zurückgedrängt werden, und weder Raub noch Diebstahl zwischen ihnen vorkommen. Wer mit Mohammed ein Bündnis schließen will, dem stehe es frei, ebenso kann jeder mit den Kureisch ein Bündnis schließen."" - Da erhoben sich die Kureischiten und sagten: „Wir verbinden uns mit Mohammed." Die Benu Bekr riefen: „Wir schließen uns den Kureisch an." – „Mohammed soll in diesem Jahre wieder abziehen und nicht nach Mekka kommen, im folgenden Jahre aber sollen die Kureisch die Stadt verlassen und Mohammed mit seinen Gefährten drei Tage darin zubringen, mit der Rüstung eines Reisenden, nur das Schwert in der Scheide, ohne andere Waffe."

Die Gefährten Mohammeds hatten bei ihrem Auszug an dem Siege nicht gezweifelt, infolge eines Gesichts, das Mohammed gehabt; als sie daher jetzt den Friedensvertrag sahen und abzuziehen genötigt waren, und was Mohammed sich selbst gefallen lassen mußte, waren sie so bestürzt, daß sie beinahe den Geist aufgaben.

Bisher war überall Krieg, wo man sich begegnete, nach dem Friedensschluß aber, als der Krieg aufhörte, und einer dem anderen in Sicherheit begegnete, da ließ man sich in Gespräche und Disputationen ein, und jeder Verständige, mit dem man vom Islam sich unterhielt, nahm ihn an, so daß in den beiden folgenden Jahren so viele Leute den Islam annahmen, als seit seinem Bestehen, oder noch mehr. Dies geht daraus hervor, daß Mohammed, nach dem Berichte Djabirs, mit nur vierzehnhundert Mann nach Hudeibijeh zog, während er nach zwei Jahren mit zehntausend Mann auszog, um Mekka zu erobern.

Vertragsmäßige Wallfahrt nach Mekka

Im Dsu-l-Kaadeh, in demselben Monat, in welchem ihm die Ungläubigen es früher nicht gestattet hatten, unternahm er jetzt die vertragsmäßige Wallfahrt. Sie wird auch die Vergeltungswallfahrt genannt, weil Mohammed in demselben heiligen Monat durch seine Wallfahrt vergalt, was sie im vorhergehenden Jahre ihm nicht gestattet hatten. Die Moslems, welchen früher die Wallfahrt mit ihm untersagt blieb, schlossen sich ihm an, und die Bewohner Mekkas verließen die Stadt, als sie seinen Anzug vernahmen. Die Kureisch sagten unter sich: „Mohammed und seine Gefährten werden in Not, Mangel und Bedrängnis geraten." Man stellte sich vor dem Rathause in Reihen auf, um zusehen, was Mohammed und seine Gefährten tun würden.

Als Mohammed in den Tempel trat, warf er seinen Mantel auf die linke Schulter und sein rechter Arm trat hervor und er sagte: „Gott sei dem Mann gnädig, den er ihnen heute in seiner Stärke zeigt!" Er umfaßte dann den Pfeiler und ging hüpfend heraus, und seine Gefährten sprangen mit ihm, bis ihn der Tempel vor ihnen verbarg, dann umfaßte er den Pfeiler nach Jemen hin, und hernach den schwarzen Stein, so machte er dreimal springend die Runde, und ging nachher wieder langsam. Ibn Abbas berichtet: Die Leute glaubten, sie hätten dies nicht zu befolgen, und Mohammed habe dies nur wegen der Kureisch getan, wegen dessen, was er von ihnen gehört hatte, bis Mohammed bei der Abschiedspilgerfahrt es wieder tat, da wurde es heiliger Gebrauch.

Als Mohammed bei seiner Wallfahrt seinen Einzug in die Stadt hielt, führte Abd Allah Ibn Rawaha sein Kamel und sprach folgende Verse:

„Geht ihm aus dem Wege, ihr Söhne der Ungläubigen, machet Platz! Alles Gute haftet an dem Gesandten.

O Herr, ich glaube seine Worte, ich erkenne göttliche Wahrheit an seinem Wesen."

Mohammed hat auf dieser Reise, als er noch im Pilgerzustande war, Meimuneh, die Tochter Hariths, geheiratet, Alabbas hat sie mit ihm verheiratet. Sie hatte ihre Schwester Umm Alfahl als Vormund angenommen, und diese die Vormundschaft Abbas überlassen, der sie Mohammed zur Fran gab und ihr statt seiner 400 Dirhem als Morgengabe überreichte.

Der Sieg des Islam in ganz Arabien

Der mächtigste Mann in Mekka, Abu Sofjan, erkennt die Aussichtslosigkeit weiteren Widerstandes und vermittelt die unblutige Unterwerfung Mekkas. Die Kaaba wird zum höchsten Heiligtum des Islam. Der Umschwung in Mekka gibt das Signal zur Unterwerfung fast aller Araberstämme. Das Auftreten eines Gegenpropheten erweist lediglich den Sieg des prophetischen Gedankens.

Vom Friedensbruch der Kureisch

Als die Kureisch und die Benu Bekr vereint gegen die Chozaa gekämpft und sie geschlagen und dadurch den mit Mohammed geschlossenen Vertrag verletzt hatten, dessen Bundesgenossen die Chozaa waren, begab sich Amr Ibn Salim, der Chozaite, von den Benu Raab zu Mohammed nach Medina, und dies führte die Eroberung von Mekka herbei. Er stellte sich nämlich vor Mohammed bin, welcher in der Moschee in der Mitte seiner Leute saß, und dichtete:
„O Herr! Ich beschwöre Mohammed bei dem Bündnis zwischen unserm und seinem Stammvater, ihr waret wie seine Kinder und wir wie seine Väter. Später schlossen wir Frieden und berührten keine Hand mehr. Steh uns bei! Gott schenke dir den von ihm bereiteten Sieg! Fordere die Diener Gottes auf, daß sie uns helfen. In ihrer Mitte befindet sich der Gesandte Gottes, der sein Schwert zieht und dessen Gesicht die Farbe wechselt, wenn ihm ein Schimpf angetan wird, mit einer Schar, die wie das

schäumende Meer einher wogt. Die Kureisch haben ihr Wort gegen dich gebrochen und das feste Bündnis verletzt und in ihrer Niedrigkeit mir aufgelauert. Sie glaubten, ich werde niemanden zu Hilfe rufen. Sie sind niedriger und geringer an Zahl, sie haben uns bei Wetir im Schlaf überfallen und erschlagen, als wir (zum Gebete) uns verbeugten und niederfielen."

Budeils und Abu Sofjans Begegnung

Nach Amr kam auch Budeil Ibn Waraka mit einer Anzahl Chozaiten und berichtete Mohammed, was ihnen zugestoßen, und wie die Kureisch sich mit den Benu Bekr gegen sie vereinigt hatten, und kehrten dann wieder nach Mekka zurück. Mohammed sagte zu den Seinigen: „Mir ist, als sähe ich schon Abu Sofjan kommen, um das Bündnis zu befestigen und den Vertrag weiter auszudehnen." Budeil und seine Gefährten begegneten Abu Sofjan in Offan. Die Kureisch hatten ihn ausgesandt, um das Bündnis zu befestigen und weiter auszudehnen, denn sie fürchteten die Folgen ihres Verfahrens. Abu Sofjan fragte Budeil, wo er herkomme - er vermutete, daß er von Mohammed komme -, er antwortete: „Ich war mit einigen Chozaiten an diesem Ufer und im Innern dieses Tales." Jener fragte: „Warst du nicht bei Mohammed?" Budeil antwortete: „Nein." Als Budeil fort war, sagte Sofjan: „Wenn er in Medina war, so hat er seine Kamele mit Dattelkernen gefüttert." Er ging daher an den Lagerplatz Budeils und untersuchte den Kamelmist, und als er Dattelkerne darin fand, sagte er: „Ich schwöre bei Gott, Budeil war schon bei Mohammed."

Abu Sofjans Ankunft in Medina

Als Abu Sofjan nach Medina kam, begab er sich zu seiner Tochter Umm Habibeh, und als er sich auf das Bett Mohammeds niederlassen wollte, schob sie es weg. Da sagte er: „Bin ich dir lieber oder dieses Bett?" Sie antwortete: „Es ist das Bett des Gesandten Gottes und du bist ein unreiner Götzendiener, darum will ich nicht, daß du auf diesem Bett sitzest." Er versetzte: „Bei Gott, du bist schlimm geworden seit unserer Trennung." Er begab sich dann zu Mohammed und sprach mit ihm, der gab ihm aber keine Antwort. Er ging dann zu Abu Bekr und ersuchte ihn, mit Mohammed für ihn zu sprechen, der weigerte sich aber. Er begab sich hierauf mit derselben Bitte zu Omar. Dieser sagte: „Ich soll euer Fürsprecher bei Mohammed sein? Bei Gott, wenn ich nur über eine Ameise zu gebieten hätte, wurde ich euch damit bekriegen." Er ging dann zu Ali, bei welchem seine Gattin Fatimeh war, und sein Sohn Hasan als kleines Kind vor ihr herumkroch und sagte: „Du stehst mir am nächsten; ich bin in einer Angelegenheit hierher gekommen und mochte nicht heimkehren, ohne sie erledigt zu haben, sei mein Fürsprecher bei Mohammed!" Ali sagte: „Wehe dir, Abu Sofjan, bei Gott, Mohammed hat einen Beschluß gefaßt, gegen welchen wir nichts zu sagen vermögen. Er wendete sich dann zu Fatimeh und sagte: „O Tochter Mohammeds! Willst du nicht deinem Söhnchen hier sagen, er soll gegenseitigen Schutz verkünden? Er würde bis ans Ende der Zeit Herr der Araber sein." Sie antwortete: „Mein Söhnchen ist noch zu jung, um Schutz zu gewähren, auch kann niemand gegen Mohammed jemanden beschützen." Da sagte Abu Sofjan: „O Vater Hasans, ich sehe, daß die Umstände mir sehr ungünstig sind, erteile mit einen Rat! Ali antwortete: „Bei Gott, ich weiß nichts, was dir nützen könnte, doch du bist der Herr der Benu Kinane; mache dich auf verkünde gegenseitigen Schutz und reise wieder heim!" Abu Sofjan fragte: „Glaubest du, daß dies was nützen wird?" Ali antwortete: „Nein, bei Gott, ich glaube nicht, aber ich weiß nichts anderes." Abu Sofjan ging hierauf in den Tempel und sagte: „O ihr Leute, ich versende gegenseitigen Schutz." Dann bestieg er sein Kamel und reiste ab. Als er zu den Kureisch zurückkam und sie ihn fragten, was er bringe, sagte er: „Ich habe mit Mohammed gesprochen, er hat mit aber gar keine Antwort gegeben, auch bei Abu Bekr fand ich nichts Gutes, und Omar zeigte sich als der größte Feind; dann ging ich zu Ali, ihn fand ich am weichsten, er hat mir auch einen Rat gegeben, den ich befolgt habe, aber, bei Gott, ich weiß nicht, ob es was nützen wird". Sie fragten ihn dann, was er ihm geraten, und als er es ihnen mitteilte, sagten sie: „Hat Mohammed dir die Erlaubnis dazu gegeben?" „Nein." „Bei Gott. der Mann hat nur sein Spiel mit dir getrieben, was nützen deine Worte" „Nichts, aber, bei Gott, ich wußte nichts anderes."

Mohammeds Rüstung zur Eroberung von Mekka

Mohammed erteilte den Befehl zur Ausrüstung und befahl auch seinen Leuten, das Nötige zu einem Feldzug vorzubereiten. Als Abu Bekr seine Tochter Aischa besuchte und mit Vorbereitungen zu einem Feldzug beschäftigt fand, fragte er sie: „Hat euch Mohammed befohlen, seine Ausrüstung bereitzuhalten?" „Ja, tu du das gleiche!" „Und wohin glaubst du, daß er ziehen will?" „Bei Gott, ich weiß es nicht." Mohammed sagte den Leuten später, daß er nach Mekka ziehen werde, und befahl ihnen, die Ausrüstung mit Ernst zu betreiben; Auch betete er: „Gott, entziehe den Kureisch Kundschafter und jeden sonstigen Bericht, damit wir sie in ihrem Lande überraschen!"

Abu Sofjan bei Mohammed im Lager

Als Mohammed in Marr Azzahran lagerte, dachte ich, so erzählt Alabbas[24], wehe den Kureisch! Bei Gott, wenn Mohammed mit Gewalt in Mekka einzieht, ehe sie kommen und ihn um Gnade bitten, so ist es aus mit ihnen bis ans Ende der Zeit. Ich bestieg daher das Albeidha genannte Maultier Mohammeds und ritt bis Alarak und dachte, vielleicht finde ich einen Holzsammler oder einen Milchverkäufer oder sonst einen Geschäftsmann, der nach Mekka geht und den Kureiseh sagt, wo Mohammed weilt, damit sie herauskommen und ihn um Sicherheit anflehen, ehe er mit Gewalt einzieht. Dann schwur ich bei Gott, selbst hinzugeben, um das Ziel meines Ausritts zu erreichen, auf einmal hörte ich ein Gespräch zwischen Abu Sofjan und Budeil Ibn Waraka. Jener sagte: „Ich habe nie so viele Flammen und so viele Truppen gesehen, wie diese Nacht." Budeil erwiderte: "Es sind, bei Gott, die Chozaa, welche der Krieg aufgestachelt." Abu Sofjan versetzte aber: „Die Chozaa sind zu gering und zu wenig, um so viele Feuer und Truppen zu haben." Ich erkannte

---

[24] Ein Oheim Mohammeds. Marr Azzahran ist nur fünfviertel Meilen von Mekka entfernt.

seine Stimme und rief: „Abu Hanzala" Er erkannte meine Stimme und rief: „Abu-l-Fadhl! Ich bin es!" „Was hast du? Du bist mir teurer als Vater und Mutter." „Wehe dir, Abu Sofjan, hier ist Mohammed mit seinen Leuten, wehe den Kureisch!" „Und was ist zu tun? Gern gebe ich Vater und Mutter für dich hin." „Bei Gott, wenn er deiner habhaft wird, schlägt er dir den Hals ab; steige hinter mir auf dieses Maultier, ich führe dich zu ihm und flehe ihn um Gnade an für dich." Er stieg auf und sein Gefährte kehrte um. Sooft ich mit ihm an einem Wachtfeuer der Moslems vorüber kam, fragten sie: „Wer da?" und als sie das Maultier Mohammeds sahen, auf dem ich ritt, sagten sie: „Es ist der Oheim des Gesandten Gottes," bis ich endlich an dem Feuer Omars vorüber kam; da rief er: „Wer da?" und erhob sich zu mir, und als er Abu Sofjan auf dem Hinterteile des Maultiers sah, sagte er: „Es ist Abu Sofjan, der Feind Gottes, gepriesen sei Allah, der ihn ohne Vertrag und Bündnis in unsere Gewalt liefert." Er lief dann zu Mohammed hin; ich aber spornte das Maultier an und kam ihm um so viel zuvor, als ein saumseliges Maultier einem nicht flinken Manne zuvorkommt, sprang herunter und trat zu Mohammed ein. Omar kam auch und sagte: „O Gesandter Gottes! Hier ist Abu Sofjan, den Gott ohne Vertrag in unsere Gewalt liefert, erlaube, daß ich ihm den Hals abschlage! Ich sagte: „Gesandter Gottes, ich habe ihn unter meinen Schutz genommen." Ich setzte mich dann zu Mohammed, faßte sein Haupt und sagte: „Bei Gott, es soll ihm außer mir in dieser Nacht niemand nahetreten." Als Omar noch manches darüber vorbrachte, sagte ich: „Langsam, Omar; bei Gott, gehörte er zu den Benu Adii Ibn Kaab, so würdest du nicht so sprechen, du weißt aber, daß er zu den Söhnen Menafs gehört." Omar erwiderte: "Sachte! Abbas, bei Gott, ich habe mich an dem Tage deiner Bekehrung mehr gefreut, als wenn Alchattab sich bekehrt hätte, weil ich wusste, daß es Mohammed mehr Freude gemacht." Da sagte Mohammed: "Geh mit ihm in dein Lager und führe ihn morgen früh wieder zu mir." Ich führte ihn in mein Lager und er brachte die Nacht bei mir zu.

Am folgenden Morgen ging ich wieder mit ihm zu Mohammed. Als dieser ihn sah, rief er: "Wehe dir, Abu Sofjan! Siehst du noch nicht ein, daß es keinen Gott gibt außer Gott?" Er antwortete: "Du bist mir teurer als mein Vater und meine Mutter, wie mild, wie edel, wie zärtlich bist du gegen deine Verwandten, bei Gott, ich glaube, daß wenn es noch andere Götter außer Gott gäbe, sie etwas nützen würden." Mohammed sagte wieder: "Wehe dir, Abu Sofjan, erkennst da noch nicht, das ich ein Gesandter Gottes bin?" Er antwortete: "Du bist mir so teuer wie mein Vater und meine Mutter, wie edel, wie mild, wie zärtlich bist du gegen deine Verwandten, aber, bei Gott, was das betrifft, so birgt mein Inneres noch einiges Widerstreben." Da sagte ich: "Wehe dir! Werde Moslem und bekenne, daß es keinen Gott gibt außer Gott, und daß Mohammed ein Gesandter Gottes ist, ehe man dir das Haupt abschlägt." Da legte er das Bekenntnis ab und wurde Moslem. Ich sagte dann zu Mohammed: "Abu Sofjan ist ein ehrgeiziger Mann, befriedige ihn!" Mohammed sagte: "Gut, wer sein Haus betritt, soll in Sicherheit sein, ebenso, wer sich in seiner eigenen Wohnung verschließt oder in den Tempel geht."

Abu Sofjan beredet die Kureisch, keinen Widerstand zu leisten

Als er weggehen wollte, sagte Mohammed zu Abbas: „Halte ihn an dem Engpaß des Tals, wo der Berg hervorspringt, zurück, damit er die vorüber ziehenden Scharen Gottes sehe." Ich befolgte diesen Befehl, erzählt Abbas, und die Kabilen zogen mit ihren Bannern vorüber. Sooft eine vorüber kam, fragte er: „Wer sind die?" Wenn ich die Suleim nannte, sagte er: „Was gehen mich die Suleim an?" Das gleiche sagte er bei den Nuzeina und bei allen vorüber ziehenden Kabilen, nach deren Namen er mich fragte, bis endlich Mohammed mit der dunklen Schar vorüber zog, bei welcher die Auswanderer und Hilfsgenossen waren, und von denen man nur die eiserne Hülle sah, da sagte er: „Gepriesen sei der Herr! O Abbas! Wer sind diese?" Ich antwortete: „Das ist der Gesandte Gottes mit den Auswanderern und Hilfsgenossen." Da sagte er: „Bei Gott, Vater Fadhls, gegen diese vermag niemand etwas; das Reich deines Neffen ist mächtig geworden." Ich erwiderte: „Sein Prophetentum." Er fragte: „Und was dann?" Ich antwortete: „Eile zu den Deinigen!"

Als er zu ihnen kam, rief er mit lauter Stimme: „O ihr Kureischiten! Mohammed rückt heran in einer Weise, daß kein Widerstand möglich ist; wer in das Haus Abu Sofjans geht, ist sicher." Da erhob sich Hind, die Tochter Otbas, und faßte ihn am Schnurrbart und sagte: „Erschlaget den schmutzigen, unbrauchbaren Schlauch, den der

Vortrab des Feindes schon zuschanden macht!"²⁵ Abu Sofjan sagte: „Wehe euch! Lasset euch von dieser nicht täuschen! Es zieht etwas heran, gegen das ihr keine Macht habt; wer in das Haus Abu Sofjans geht, ist sicher." Da sagten sie: „Gott töte dich! Was kann dein Haus uns nützen?" Da setzte er hinzu: „Wer seine Türe hinter sich schließt, ist auch sicher, ebenso wer in den Tempel geht."

Da zerstreuten sich die Leute, die einen verschlossen sich in ihren Häusern, die anderen begaben sich in den Tempel.

Schlachtordnung beim Einzug in Mekka

Als Mohammed bei Aufbruch von Dsu Tawa seine Truppen ordnete, befahl er Zubeir, mit einer Abteilung von Kuda her einzurücken er befehligte den linken Flügel -, und Saad Ibn Ubade sollte mit einer Abteilung von Kada her einziehen. Einige Gelehrten behaupten, Saad habe beim Einzug gesagt: „Heut' ist ein Tag des Kriegs, heut' wird das Heiligtum entweiht." Ein Auswanderer, der dieses hörte, sagte zu Mohammed: „Höre, was Saad sagt! Wir sind nicht sicher, daß er nicht gegen die Kureisch anstürme." Da sagte Mohammed zu Ali: „Hole ihn ein, nimm ihm die Fahne weg und ziehe du damit ein!" Chalid Ibn Welid, der den rechten Flügel befehligte, erhielt die Weisung, von Allit her durch die niederen Teile Mekkas einzuziehen, bei ihm waren die Benu Aslam, Suleim,

---

²⁵ Hind nahm nach Mohammeds Einzug seine Begnadigung an; ihr Sohn Moawija wurde als Kalif Begründer der Dynastie der Omajjaden.

Muzeina, Djuheina und andere Beduinenstämme. Abu Obeida Ibn Aldjarrah ergoß sich mit Scharen Gläubiger vor Mohammed her über Mekka, welcher seinen Auszug über Adsachir hielt, bis er die Höhe der Stadt erreichte, wo man sein Zelt aufschlug.

Von den Personen, deren Hinrichtung Mohammed anordnete

Mohammed hatte seinen Emiren den Befehl erteilt, beim Einzug von Mekka nur die zu bekämpfen, die ihnen feindselig begegnen, doch nannte er ihnen einige Personen, die sie töten sollten, selbst wenn sie sie hinter den Vorhängen der Kaaba fanden. Zu ihnen gehörte Ibn Saad, ein Bruder der Benu Aamir, denn er hatte sich zum Islam bekehrt und für Mohammed die Offenbarung aufgeschrieben, und war wieder abtrünnig geworden und zu den Kureisch zurückgekehrt. Jetzt flüchtete er sich zu seinem Milchbruder Othmann Ibn Affan. Dieser ging mit ihm zu Mohammed, als alles ruhig war, und erflehte seine Begnadigung. Man behauptet, Mohammed habe lange geschwiegen, ehe er Othmanns Bitte gewährte. Als dieser sich entfernt hatte, sagte Mohammed zu seiner Umgehung: „Ich habe geschwiegen, damit einer von euch sich erhebe und ihm den Kopf abschlage." Da sagte einer der Hilfsgenossen: „Warum hast du mir keinen Wink gegeben?" Mohammed sagte: „Ein Prophet läßt nicht durch Zeichen hinrichten."

Mohammeds Umkreisen der Kaaba nach der Eroberung und seine Kanzelrede

Nachdem Mohammed sich in Mekka niedergelassen hatte und alles ruhig war, umkreiste er auf seinem Kamele siebenmal den Tempel und berührte den Pfeiler mit einem oben gekrümmten Stabe. Als er den Tempel umkreist hatte rief er Othmann Ibn Abi Talha und nahm ihm den Schlüssel der Kaaba ab, ließ sich öffnen und trat hinein. Er fand eine Taube von Aloeholz darin, die er zerbrach und wegwarf; dann blieb er an der Türe der Kaaba stehen, während die Leute in der Moschee wartend umherstanden.

Als Mohammed an dem Tore der Kaaba stand, sagte er: „Es gibt keinen Gott außer Allah, dem Einzigen, er hat keinen Genossen, er hat seine Verheißung verwirklicht und ist seinem Diener beigestanden, und, hat allein die Scharen in die Flucht getrieben. Jedes Privilegium, jede Blutschuld oder Geldraub, für die etwa noch Ansprüche erhoben werden, trete ich hier mit unter meine Füße, mit Ausnahme der Tempelhut und des Tränkens der Pilger. Für eine nicht vorsätzliche Tötung, die einem geflissentlichen Mord gleicht, wie das Töten mit einer Peitsche oder einem Stock, soll das schwere Sühnegeld bezahlt werden: hundert Kamele, worunter vierzig trächtige. O ihr Kureisch, Gott hat den Ahnenstolz und den Hochmut des Heidentums von euch genommen, alle Menschen stammen von Adam, und Adam ist aus Erde geschaffen." Dann fuhr er fort: „O ihr Kureisch! Was erwartet ihr von mir?" Sie antworteten: „Nur Gutes, du bist ein edler Bruder und Vetter." Er versetzte: „Geht, ihr seid frei."

Mohammed setzte sich dann und Ali, mit dem Schlüssel der Kaaba in der Hand, trat vor ihn und sagte: „Gott sei dir gnädig, Gesandter Gottes, lass uns die Tempelhut mit dem Pilgertränken vereinen!" Mohammed sprach: „Wo ist Othmann Ibn Talha?" Man rief ihn herbei und Mohammed sagte: „Hier ist dein Schlüssel, Othmann, dieser Tag ist ein Tag der Redlichkeit und Treue."

Mohammeds Kanzelrede am Tag nach der Eroberung

Mohammed in seiner Kanzelrede sagte: „O ihr Leute, Gott hat Mekka geheiligt am Tage, als er Himmel und Erde schuf, und sie bleibt heilig bis zum Tage der Auferstehung; es ist keinem Gläubigen gestattet, Blut dann zu vergießen oder einen Baum zu fällen, es war niemandem vor mir erlaubt, und wird niemandem nach mir erlaubt, es war mir nur in dieser Stunde erlaubt, wegen Gottes Zorn gegen ihre Bewohner, dann wurde sie aber wieder geheiligt wie zuvor, der Anwesende mag es dem Abwesenden verkünden. Sagt euch jemand: Mohammed habe ja darin Krieg geführt, so antwortet: Gott hat es seinem Gesandten erlaubt, aber nicht euch."

Von der Deputation der Thakifiten und ihrer Bekehrung im Ramadhan des Jahres IX

Als Mohammed von den Thakifiten abzog[26], folgte ihm Urwe Ibn Masud, der Thakisite, und holte ihn noch vor seiner Ankunft in Medina ein und bekannte sich zum Islam. Er bat dann Mohammed, ihm zu erlauben, wieder zu den Seinigen zurückzukehren und ihnen den Islam zu verkünden. Mohammed sagte ihm nach dem Berichte

---

[26] Nach vergeblicher Belagerung ihrer Stadt Taif.

seiner Stammesgenossen: „Sie werden dich töten," denn Mohammed wußte, daß sie in ihrer Weigerung die größte Entschlossenheit zeigten. Urwe sagte aber: „O Gesandter Gottes, ich bin ihnen teurer als ihre erstgeborenen Söhne." Er war in der Tat beliebt und man hörte auf ihn. Er ging nun, um sein Volk zum Islam aufzurufen, und hoffte wegen seines Ansehens, auch hierin keinen Widerspruch zu finden. Als er aber einen Kiosk bestieg und sie zum Islam aufrief und ihnen feinen Glauben offenbarte, schossen, sie von allen Seiten Pfeile gegen ihn ab, und er wurde von einem Pfeile getroffen und getötet.

Die Thakifiten blieben so noch einige Monate nach der Ermordung Urwes, dann berieten sie sich untereinander und sahen ein, daß sie nicht stark genug wären, um die sie umgebenden Araber zu bekämpfen, welche alle Mohammed gehuldigt und den Islam angenommen hatten. Amr Ibn Omejja, ein Bruder der Benu Iladj, hielt sich fern von Abd Ialil Ibn Amr, nachdem sich zwischen ihnen Schlimmes ereignet hatte. Amr, der einer der listigsten Araber war, ging indessen nach Abd Ialils Haus und ließ ihn bitten, zu ihm herauszukommen. Abd Ialil sagte zu dem Boten: „Wehe dir! hat dich Amr zu mir geschickt?" Er antwortete: „Ja, und er steht hier in deinem Hause." Da sagte jener: „Das hätte ich nicht erwartet, ich hatte Amr mehr Seelenstärke zugetraut." Er ging dann zu ihm und hieß ihn willkommen. Amr sagte: „Es sind Zustände eingetreten, die keine Spaltung mehr lassen, die Sache jenes Mannes ist das geworden, was dir bekannt ist; alle Araber bekennen sich zum Islam, ihr habt keine Kraft sie zu bekämpfen, darum sehet, was ihr zu tun habt!" Hierauf pflegten die Thakifiten Rat, und es sagte einer zum anderen: „Seht ihr nicht, daß ihr auf keinem Wege sicher seid, daß keiner von euch ausgeht, ohne aufgehalten zu werden?" Nach gepflogenem Rat beschlossen sie daher einen Boten zu Mohammed zu schicken, so wie sie früher Urwe zu ihm geschickt hatten, und sie redeten mit Abd Ialil, der gleichen Alters mit Urwe war; er weigerte sich aber, weil er fürchtete, es möchte ihm wie Urwe ergehen; er sagte: „Ich tue es nicht, wenn ihr nicht noch andere Männer mit mir schickt." Sie beschlossen, noch drei Thakafiden und zwei Bundesgenossen mit ihm zu schicken, so daß sie sechs waren.

Abd Ialil, der Führer und Herr der Abgeordneten, reiste mit ihnen ab, und er hatte sie nur mitgenommen aus Furcht, es möchte ihm wie Urwe ergehen, während er so hoffte, daß ein jeder von ihnen nach der Rückkehr sein Geschlecht beschäftigen werde. Als sie in Kanat, in der Nähe von Medina abstiegen, trafen sie Mughira Ibn Schuba, an dem die Reihe war, die Kamele der Gefährten Mohammeds auf die Weide zu führen, den die Gefährten wechselten miteinander in diesem Dienste ab. Als er die Thakifiden sah, überließ er ihnen die Herde und sprang eilig fort, um Mohammed davon zu benachrichtigen; da begegnete er Abu Bekr, ehe er zu Mohammed kam, und sagte ihm, die Thakifiten seien gekommen, um Mohammed zu huldigen und den Islam unter der Bedingung anzunehmen, daß er ihnen eine Sicherheitsurkunde für ihre Leute, ihr Land und ihr Gut ausstelle. Abu Bekr sagte zu Mughira: „Ich beschwöre dich bei Allah, geh nicht vor mir zu Mohammed, damit ich ihm dies verkünde." Mughira fügte sich und Abu Bekr benachrichtigte Mohammed von der Ankunft der Thakifiten. Mughira ging dann mit den Abgeordneten zu seinen Freunden und ließ ihre Kamele bei ihnen ausruhen und lehrte sie, wie sie Mohammed grüßen sollten; sie verharrten jedoch bei ihrem heidnischen Gruße. Als sie zu Mohammed kamen, ließ er ihnen, wie behauptet wird, an der Seite seiner Moschee ein Zelt errichten. Chalid Ibn Said war der Vermittler zwischen ihnen und Mohammed, bis endlich der Vertrag aufgesetzt wurde, den auch Chalid schrieb. Auch aßen sie nichts von den Speisen, die ihnen von Mohammed geschickt wurden, ehe sie Chalid gekostet hatte, bis sie sich zum Islam bekannten und der Vertrag geschlossen war.

Sie hatten von Mohammed verlangt, daß er ihnen ihren Götzen Lat noch drei Jahre lasse, als er sich weigerte, baten sie um zwei Jahre, dann um ein Jahr und zuletzt um einen Monat. Mohammed aber wollte ihnen gar keine bestimmte Frist gönnen. Die Abgeordneten gaben vor, sie bezweckten damit nur, sich vor ihren Toren, Frauen und Kindern zu schützen, und es sei ihnen unangenehm ihre Leute durch das zerbrechen der Götzen in Schrecken zu sehen, ehe der Islam bei ihnen Eingang gefunden. Mohammed aber bestand darauf, Abu Sofjan und Mughira Ibn Schuba zu schicken, um Lat zu zerstören. Mit der Bitte um Erhaltung des Götzen hatten sie auch die verbunden, mit dem Gebete verschont zu bleiben, und daß sie genötigt sein sollten, den Götzen mit eigener Hand zu zerschlagen. Mohammed antwortete darauf: „Was das Zerschlagen mit eigener Hand angeht, so wollen wir es euch erlassen, das Gebet aber nicht, denn es ist nichts Gutes an einer Religion, die kein Gebet hat." Schließlich sagten sie zu Mohammed: „Wir gewähren dir alles, wenn es auch eine Demütigung ist."

Als sie sich bekehrt hatten und der Vertrag geschrieben war, ernannte Mohammed Othmann Ibn Abi-l-Aaß zu ihrem Vorgesetzten, obgleich er einer der Jüngsten war, weil er am eifrigsten in den Studien des Islam und in dem Erlernen des Koran war, wie dies auch Abu Bekr zu Mohammed gesagt hatte. Isa Ibn Abd Allah hat mir von Atijeh Ibn Sofjan berichtet, dem einer der Abgeordneten erzählt hat: „Als wir uns belehrt hatten und mit Mohammed die noch übrigen Tage vom Ramadhan fasteten, brachte uns Bilal das Frühstück und das Abendessen von Mohammed. Wenn er uns ersteres brachte, sagten wir: „Wir glauben, der Morgenstern ist schon aufgegangen." Er aber sagte: „Ich habe eben Mohammed frühstückend verlassen, um die Zeit des Frühstückens hinauszuschieben." Wenn er das Abendmahl brachte, sagten wir: „Wir glauben, die Sonne ist noch nicht ganz untergegangen." Er aber sagte: „Ich bin nicht eher zu euch gekommen, bis Mohammed das Fasten gebrochen hat." Er steckte dann die Hand an die Schüssel und aß selbst einen Bissen davon." Abi Hind hat mit von Muttarif Ibn Abd Allah berichtet, dem Othmann Ibn Abi-l-Aaß erzählt hat: „Als Mohammed mich zu den Thakifiten schickte, war sein letzter Befehl: „Sei nachsichtig im Gebet und schätze die Leute nach ihren Schwächsten, denn es gibt unter ihnen Große und Kleine, Bedürftige und Schwache."

Das Zerschlagen des Götzen in Taif

Als sie fertig waren und wieder heimkehrten, sandte Mohammed Sofjan und Mughira mit ihnen, um den Götzen zusammenzuschlagen. Als sie nach Taif kamen, wollte

Mughira den Abu Sofjan vorausschicken, dieser sagte aber: „Geh du zuerst zu deinen Leuten," und er blieb bei seinem Gut in Dsu-l-Hadem. Als Mughira in die Stadt kam, fiel er über den Götzen her und zerschlug ihn mit einer Hacke. Seine Stammesgenossen, die Benu Muattab, standen bei ihm, aus Furcht, er möchte von Pfeilen oder sonst verletzt werden, wie Urwe. Die Frauen der Thakifiten zogen in Verzweiflung aus und weinten und schrien:

„Vergießet Ströme von Tränen! Die Feigen haben sie überliefert, sie haben schlecht gekämpft."

Während Mughira den Götzen mit der Axt zerschlug, rief Abu Sofjan: „Wehe dir! Das verdienst du!" Als Mughira den Götzen zerschlagen und dessen Schatz und Schmuck genommen hat, schickte er es dem Abu Sofjan; der Schmuck war aus verschiedenen Teilen zusammengesetzt und der Schatz bestand aus Gold und Edelsteinen.

Vom Jahre IX, welches das Jahr der Deputationen genannt wird

Als Mohammed Mekka erobert hatte und als auch die Thakifiten sich belehrt und ihm gehuldigt hatten, da kamen von allen Seiten Arabiens Deputationen herbei. Die Araber warteten nämlich zu, wie es mit diesem Stamme von Kureisch und Mohammed gehen werde, denn sie waren die Führer und Vorstände der Leute, die Herren des heiligen Tempels, die erklärten Nachkommen Ismaels, des Sohnes Abrahams, das wußten die Häupter der Araber recht gut; auch hatten die Kureisch zuerst Mohammed widersprochen und den Krieg gegen ihn angeschürt. Als daher Mekka erobert war und die Kureisch sich ihm unterwarfen und der Islam sie demütigte, wußten die Araber, daß sie nicht die Macht haben würden, Mohammed anzufeinden und zu bekriegen, und sie bekannten sich daher zu dem Glauben Allahs.

Von dem falschen Propheten Museilama

Museilama Ibn Habib hatte an Mohammed geschrieben: „Von Museilama, dem Gesandten Gottes, an Mohammed, den Gesandten Gottes. Heil dir! Sodann wisse, daß ich dein Genosse bin in der Herrschaft, die Hälfte der Erde gehörte uns und die Hälfte den Kureisch, aber diese sind Übeltäter." Zwei Boten überbrachten Mohammed dieses Schreiben. Mohammed sagte, als er den Brief gelesen hatte, zu den Boten: „Und was ist eure Meinung?" Sie antworten: „Wir sprechen wie er." Da sagte Mohammed: „Wenn nicht Gesandte unantastbar wären, so würde ich euch enthaupten." Er schrieb dann an Museilama: „Im Namen Gottes, des Gnädigen, des Barmherzigen. Von Mohammed, dem Gesandten Gottes, an Museilama, den Lügner. Heil dem, welcher der Leitung folgt. Sodann, die Erde ist Gottes, er gibt sie als Erbteil dem seiner Diener, der ihn liebt. Den Gottesfürchtigen wird ein guter Ausgang." Dies war am Ende des Jahres X.

Mohammeds Kanzelrede bei der Abschiedspilgerfahrt

Auf der letzten Pilgerfahrt zeigte Mohammed den Leuten die heiligen Gebräuche und Zeremonien der Pilgerfahrt und hielt eine Predigt, in welcher er manches andere erklärte. Nachdem er Gott gelobt und gepriesen hatte, sagte er:

„O ihr Leute! Höret meine Worte, denn ich weiß nicht, ob ich euch in einem anderen Jahre noch einmal hier treffe. O ihr Leute, haltet euer Gut und euer Blut heilig, bis ihr euerem Herrn begegnet, so heilig wie euch dieser Tag und dieser Monat ist, denn: ihr werdet einst euerem Herrn begegnen und er wird euch nach eueren Werken fragen, und ich habe euch alles geoffenbart. Wer anvertrautes Gut hat, der gebe es dem zurück, der es ihm anvertraut hat. Jeder Zins sei erlassen, aber das Kapital bleibt als Schuld, tut niemandem Unrecht, dann geschieht auch euch kein Unrecht. Sodann, o ihr Leute, Satan gibt die Hoffnung auf in euerem Lande je mehr angebetet zu werden, wenn man ihm aber im übrigen noch folgt, so ist er doch zufrieden mit dem, was an euren Werken schlecht ist, darum hütet euch vor ihm in euerem Glauben! Sodann, o ihr Leute! Ihr habt Rechte gegen euere Frauen und sie haben Rechte gegen euch. Ihr könnet von ihnen fordern, daß sie euer Lager von niemandem betreten lassen, der euch unangenehm ist, und daß sie nichts tun, was als unanständig gilt, tun sie es, so erlaubt euch Gott, euch fern von ihrem Bett zu halten und sie mit Mäßigung zu züchtigen, lassen sie aber davon ab, so seid ihr ihnen gute Kost und Kleidung schuldig. Behandelt die Frauen gut, sie sind euere Gehilfinnen und vermögen nichts durch sich selbst, ihr habt sie als ein von Gott anvertrautes Gut genommen und durch göttliche Worte von ihnen Besitz ergriffen. Überlegt, o ihr Leute, meine Worte, ich habe meine Sendung vollbracht und hinterlasse euch so viel, daß wenn ihr euch daran haltet, ihr nie irre werdet: klare Weisung, das Buch Gottes und das Beispiel des Propheten. O ihr Leute, höret und überleget meine Worte; wisset, daß ein Moslem der Bruder des anderen ist, alle Moslems sind Brüder, und daß keinem gestattet ist, von seinem Bruder etwas zu nehmen, was er ihm nicht mit gutem Willen gibt; begehet kein Unrecht gegen euch selbst! Gott! habe ich nicht meiner Sendung Genüge getan?" Mir ist gemeldet worden, die Leute haben darauf geantwortet: „O Gott! Ja." Worauf Mohammed sagte: „Gott sei Zeuge!"

Mohammeds Tod

Etwa sechzig Jahre alt, erkrankt Mohammed inmitten kriegerischer Pläne an einem heftigen Fieber - wahrscheinlich der Malaria -, das rasch eine tödliche Wendung nimmt. Er stirbt am 8. Juni 632. Abu Bekr wird unter dem Titel „Kalif" sein Nachfolger. Fünfundzwanzig Jahre nach seinem Tode sind Syrien, Ägypten, Mesopotamien, Armenien und Persien für den Islam gewonnen.

Letzte Sendung, die des Usama Ibn Zeid nach Palästina

Mohammed sandte Zeid nach Syrien, in die Bezirke von Balta und Darum, welche zu Palästina gehören, man rüstete sich, und die ältesten Auswanderer scharten sich um Zeid. Dies war die letzte Sendung Mohammeds.

Anfang der Krankheit Mohammeds

Während die Leute damit beschäftigt waren, zeigte sich die Krankheit, an welcher Gott ihn nach seiner Gnade und Barmherzigkeit wegnahm.

Es war in den letzten Tagen des Safar oder in
den ersten des Rabia-l-awal. Der Anfang war, wie mir berichtet worden ist, daß er mitten in der Nacht nach Bekia-l-Gharkad ging und für die dort Begrabenen Gottes Gnade erflehte, dann ging er wieder zu seiner Familie, und von diesem Tage an wurde er krank.

Abd Allah Ibn Omar hat mir von Obeid Ibn Djubeir, einem Freigelassenen des Hakam Ibn Abi-l-Aaß, berichtet der von Abd Allah Ibn Amr gehört hat, Abu Moweihaba, ein Freigelassener Mohammeds habe erzählt: „Mohammed weckte mich mitten in der Nacht und sagte: „Es ist mir befohlen worden, für die Leute dieses Begräbnisplatzes zu beten, komm mit mir!" Ich ging mit ihm, und als er in ihrer Mitte stand, sagte er: „Heil euch, ihr Bewohner dieser Gräber! Euer Zustand wird besser sein als der der anderen Menschen, die Empörungen werden herankommen wie Teile einer finsteren Nacht, eine wird auf die andere folgen, und die letzte wird schlimmer sein als die erste." Dann wendete er sich zu mir und sagte: „O Abu Moweihaba! mir ist die Wahl gelassen worden zwischen den Schlüsseln zu den Schätzen der Erde und der Dauer darin und dem Paradiese mit dem Begegnen des Herrn, und ich habe letzteres gewählt." Er betete dann für die Bewohner dieser Gräber, ging weg, und die Krankheit begann, an welcher er starb."

Jakub Ibn Otba hat mir von Zuhri berichtet, der von Obeid Allah Ibn Abd Allah gehört hat, Aischa, die Gattin Mohammeds, habe erzählt: „Als Mohammed vom Begräbnisplatze zurückkam, hatte ich Kopfschmerzen und schrie: „Wehe! mein Kopf!" Er rief: „Nein, mein Kopf!" dann sagte er: „Was würde es dir schaden, wenn du vor mit sterben solltest und ich dich in das Totengewand legte, für dich betete und dich beerdigte?" Ich antwortete, bei Gott, mir ist, wenn du dies getan haben wirst, als sähe ich dich schon in meine Wohnung zurückkommen und dich mit einer anderen Fran darin verloben." Mohammed lächelte. Dann bildete sich sein Übel aus, doch machte er noch die Runde bei seinen Frauen, bis es sehr heftig wurde; als er sich in der Wohnung Meimunehs befand, da ließ er alle seine Frauen rufen und bat um ihre Erlaubnis, in meiner Wohnung seine Krankheit zuzubringen, und sie wurde ihm erteilt."

Mohammeds Krankheit in der Wohnung Aischas

Mohammed wurde dann ohnmächtig, und sein Übel nahm zu. Später sagte er: „Gießet sieben Schläuche kaltes Brunnenwasser über mich, damit ich zum Volke heraustrete und meinen letzten Willen kundgebe." Sie setzten ihn in eine Wanne, welche Hafsseh gehörte, und gossen Wasser über ihn, bis er rief: „Genug! Genug!" Mohammed ging mit umwundenen Haupte aus und setzte sich auf die Kanzel und begann mit einem langen Gebete für die Gefährten von Ohod, für welche er Gottes Gnade erflehte, dann sagte er: „Gott hat einem seiner Diener die Wahl gelassen zwischen dieser Welt und der zukünftigen und er hat die in Gottes Nähe gewählt." Abu Bekr verstand den Sinn und wußte, daß er sich selbst darunter meinte, darum weinte er und sagte: „Wir geben gern uns selbst und unsere Kinder für dich hin." Mohammed sagte: „Nur sachte, Abu Bekr!" Dann fuhr er fort: „Sehet diese Türen, die zur Moschee führen, schließet sie alle bis auf die, welche zu Abu Bekrs Wohnung führt, denn unter allen meinen Gefährten stand mir keiner näher als er."

Wie man ihm Medizin eingoß

Dann kamen einige seiner Frauen zu ihm, Umm Salama, Meimuneh und andere Frauen, worunter auch Asmah, Tochter des Uneis, so wie auch sein Oheim Abbas. Sie kamen überein, ihm Medizin einzugießen und Abbas erbot sich es zu tun, was auch geschah. Als Mohammed wieder zu sich kam, fragte er: „Wer hat dies mit mir vorgenommen?" Man antwortete: „Dein Oheim." Da sagte er: „Dieses Arzneimittel haben Frauen aus jenem Lande mitgebracht," und deutete dabei nach Abessinien hin, - „warum habt ihr dies getan?" Abbas antwortete: „Wir fürchteten, du möchtest an der Brustfellentzündung leiden." Da sagte er: „Das ist eine Krankheit, die mir Gott nicht zugeschickt, nun soll ein jeder, der in diesem Hause ist, von dieser Medizin nehmen, mit Ausnahme meines Oheims." Dies geschah selbst bei Meimuneh, welche fastete, weil Mohammed geschworen hatte, es müsse geschehen, zur Strafe dafür, daß sie es ihm angetan hatten.

Mohammeds Todestag

Zuhri berichtet von Anas Ibn Malik: „An dem Montag, an welchem Mohammed starb, ging er noch heraus zum Morgengebete. Man hob den Vorhang in die Höhe und öffnete die Tür und er blieb an der Tür der Wohnung Aischas stehen. Die Moslems waren nahe daran, ihr Gebet zu unterbrechen, vor Freude über Mohammeds Erscheinen. Mohammed gab ihnen einen Wink, beim Gebete zu bleiben, und lächelte vor Freude, sie in ihrer Stellung beim Gebete zu sehen und, bei Gott, Mohammed ist mir nie schöner erschienen als damals. Er ging dann wieder in seine Wohnung zurück, die Leute gingen weg im Glauben an eine Besserung seiner Krankheit, und Abu Bekr begab sich zu seiner Familie nach Sunch."

Ali und Abbas

Ali trat an jenem Tage unter die Leute, nachdem er Mohammed verlassen hatte, und als man ihn nach dem Befinden Mohammeds fragte, sagte er: „Er befindet sich gottlob! erleichtert." Abbas aber ergriff seine Hand und sagte: „O Ali, bei Gott, in drei Tagen bist du ein Diener der Gemeinde, ich sehe den Tod im Gesichte Mohammeds, wie ich ihn im Gesichte der Söhne Abd Allmuttalibs beobachtet habe, komm mit mit zu Mohammed, wir wollen sehen, ob die Herrschaft uns zugeteilt wird, und wenn nicht, wollen wir ihn ersuchen, uns den Leuten zu empfehlen. Ali erwiderte: „Bei Gott, das tu ich nicht, ist uns die Herrschaft versagt, so wird sie uns niemand nach ihm verleihen." Mohammed starb an diesem Tage, als die Sonne hoch am Himmel stand.

Mohammeds Tod

Jakub Ibn Otbe berichtet von Zuhri, dem Urwe von Aischa überliefert hat: „Als Mohammed an jenem Tage wieder aus der Moschee zu mir kam, legte er sich auf meinen Schoß. Da kam ein Mann aus dem Geschlechte Abu Bekrs herein, welcher einen frischen Zahnstocher in der Hand hatte. Mohammed sah in einer Weise nach dessen Hand, daß ich merkte, daß er den Zahnstocher wollte. Ich fragte ihn, ob ich ihn ihm geben sollte, und er antwortete: „Ja." Ich nahm ihn und zerbiß ihn, bis er weich wurde und gab ihn ihm. Er rieb seine Zähne sorgfältiger als je und legte ihn dann wieder hin. Ich fand dann, daß er immer schwerer in meinem Schoße wurde, und als ich ihm ins Gesicht sah, war sein Blick nach oben gerichtet und er sagte: „Nein, den obern Gefährten im Paradiese." Ich sagte: „Es ist dir die Wahl gelassen worden und du hast gewählt." Hierauf verschied der Gesandte Gottes."

Omar und Abu Bekr nach dem Tode Mohammeds

Als Mohammed starb, erhob sich Omar und sagte: „Einige Heuchler behaupten, Mohammed sei gestorben, aber bei Gott, Mohammed ist nicht gestorben, sondern er ist zu seinen Herrn gegangen, wie Moses der Sohn Amrahns, welcher vierzig Tage von seinem Volke weggeblieben und dann wieder zurückgekehrt ist, nach dem man ihn schon tot gesagt hatte. Bei Allah, der Gesandte Gottes wird auch wie Moses zurückkehren und denen, welche ihn tot sagten, Hände und Füße abschneiden."

Da kam Abu Bekr, als er davon Kunde erhielt, bis zur Tür der Moschee, während Omar noch zum Volke redete. Er beachtete nichts, bis er zu Mohammed in die Wohnung Aischas trat. Mohammed lag zugedeckt in einer Ecke des Zimmers; mit einem gestreiften Mantel, er trat zu ihm hin, deckte das Gesicht auf, küßte es und sagte: „Du bist mir teurer als mein Vater und meine Mutter, du hast nun den Tod gekostet, den Gott über dich verhängt hat, nach diesem Tode wirst du unsterblich sein." Er deckte dann sein Gesicht wieder mit dem Mantel zu, trat heraus und sagte zu dem noch immer sprechenden Omar: „Nur sachte, Omar! höre mich an!" Omar weigerte sich und fuhr fort zu sprechen. Als Abu Bekr sah, daß er nicht schweigen wollte, wendete er sich dem Volke zu, und als man sein Wort vernahm, wendete man sich nur ihm zu und verließ Omar. Abu Bekr lobte Gott und sagte dann: „O ihr Leute, wer Mohammed angebetet hat, der wisse, daß er gestorben ist, wer aber Gott anbetet, nun der lebt noch und wird nicht sterben."

Mohammeds Ausstattung

Nachdem man Abu Bekr gehuldigt hatte, wendete man sich am Dienstag zur Bestattung Mohammeds. Ali, Abbas und seine Söhne Fadhl und Kothom, Usama Ibn Zeid und Schokran, ein Freigelassener Mohammeds, besorgten das Waschen. Aus Ibn Chauli, einer der Benu-Auf; sagte zu Ali: „Ich beschwöre dich bei Gott und unserm Anteil an Mohammed." - Aus war ein Gefährte Mohammeds und ein Kämpfer von Bedr. Ali hieß ihn eintreten, er trat ein und setzte sich und wohnte der Waschung bei. Ali lehnte Mohammed an seine Brust, Abbas und seine Söhne halfen ihn umdrehen, Usama und Schokran gossen Wasser über ihn und Ali wusch ihn, während er ihn an seine Brust lehnte. Mohammed hatte sein Unterkleid an, und Ali rieb ihn darüber, ohne ihn mit der Hand zu berühren, und er sagte: „Wie schön bist du lebendig und tot!" Man nahm an Mohammed nichts wahr, was man an anderen Leichen wahrnahm. Als die Waschung vollendet war, hüllte man ihn in drei Kleider, zwei von Sohar und einen gestreiften Mantel, in welchen er eingewickelt wurde.

Als man das Grab für Mohammed graben wollte, schwankte man zwischen zwei Totengräbern, nämlich Abu Obeida Ibn Aldjarrah, dem Totengräber der Mekkaner, welcher das Grab mitten in der Gruft grub, und Abu Talha Zeid Ibn Sahl, welcher es an einer Seite der Gruft grub. Da rief Abbas zwei Männer und sandte den einen zu Obeida und den anderen zu Abu Talha und sagte: „Gott! wähle für deinen Gesandten!" Der zu Abu Talha Geschickte fand ihn zuerst und führte ihn herbei und er machte die Grube an der Seite der Gruft.

Als Mohammed am Dienstag ausgestattet war, legte man ihn auf sein Bett in seiner Wohnung. Man stritt darüber, wo er beerdigt werden sollte. Die einen wollten ihn in der Moschee beerdigen, die anderen bei seinen Gefährten, da sagte Abu Bekr: „Ich habe gehört, wie Mohammed gesagt hat: „Jeder Prophet ist an der Stelle beerdigt worden, wo er gestorben ist." Man hob dann den Teppich auf, auf welchem Mohammed gestorben, und grub das Grab darunter. Dann kamen die Leute truppweise, um für ihn zu beten, zuerst die Männer, dann die Frauen, dann die Kinder, ohne daß sie jemand dazu angeleitet hätte.

Wie Mohammed beerdigt wurde

Mohammed wurde mitten in der Nacht auf Mittwoch beerdigt. Ali, Fadhl Ibn Abbas, Kothom und Schokran stiegen ins Grab hinab, da sagte Aus Ibn Chauli zu Ali: „Ich beschwöre dich bei Gott und unserem Anteil am Gesandten Gottes." Da sagte Ali: „Komm herunter!" und er stieg zu den anderen hinab. Schokran hatte, als er Mohammed ins Grab legte, welches zugemauert wurde, einen Umwurf genommen, in welchen Mohammed sich eingehüllt hatte, und ihn zerrissen und mit beerdigt, denn er sagte: "Bei Gott! es will ihn niemand mehr nach dir anziehen." Mughira Ibn Schubeh behauptete, er sei zuletzt mit Mohammed in Berührung gekommen, er sagte

„Ich habe meinen Siegelring in das Grab geworfen und habe gesagt, ich habe ihn fallen lassen, ich habe ihn aber absichtlich hineingeworfen, um den Gesandten Gottes zu berühren und der letzte zu sein, der mit ihm in Berührung gekommen."

Hassan Ibn Thabits Trauergedichte über Mohammed

Wie mir Ibn Haschim von Abu Zeid Alaussari berichtet hat, beweinte Hassan Mohammed in folgendem Gedichte:

„In Medina sind die Überbleibsel des Gesandten, da war sein leuchtender Aufenthalt, schon verwischen sich und versehen die sichtbaren Spuren, oder die Zeichen werden nicht ausgelöscht aus dem Sitz des Heiligrums, noch besteht die Kanzel, welche der Leiter bestiegen hat, noch sind offenbare Zeichen und Wegweiser übrig, die Wohnung, in welcher er betete und niederfiel. Noch sind die Gemächer da, in deren Mitte hell flammendes göttliches Licht herabstieg. Das sind Kennzeichen, die nie vergehen, sooft sie von Vernichtung bedroht sind, leuchten sie aufs neue hervor. Ich erkenne darin die Spuren des Gesandten und seiner Zeit, ich sehe sein Grab und ihn selbst, wie er im Grabe liegt.

Da beweinte ich den Propheten, und manche Augen halfen dazu, und gleiches taten die Djinn.[27] Sie erwähnten die Wohltaten des Gesandten, ich kann sie nicht aufzählen, mein Herz ist verwildert, zerknirscht und erschüttert durch den Verlust Mohammeds, ich wollte die Verdienste des Gesandten berechnen, und ehe ich den zehnten Teil

---

[27] Die Geister.

erreiche hatte, war ich vom Schmerz erfüllt. Sie blieben lange stehen, und die Augen vergossen alle ihre Tränen auf den Spuren des Grabes, welches Mohammed umschließt.

Sei gesegnet, Grab des Gesandten, sei gesegnet, du Land, in welchem der Gerechte und Feste gewohnt hat! Gesegnet sei die Gruft, welche durch dich das Beste umschließt, und über welcher ein sich ein steinernes Monument erhebt! Hände streuen Sand darüber, Augen haften daran, Glückseligkeit wurde in die Tiefe gegraben. Sie haben Einsicht, Wissenschaft und Barmherzigkeit versenkt, in der Nacht, als sie die Erde über ihn warfen und er ohne Kissen lag. Sie gingen traurig weg, ihr Prophet war nicht mehr unter ihnen, schwach an Rücken und Armen. Sie beweinten den, an dessen Todestag der Himmel weint und die Erde, und den die ganze Menschheit betrauert.

Hat je ein Todesfall solches Unglück gebracht, wie das Hinscheiden Mohammeds? Da wurde das Niedersteigen der Offenbarung gebrochen, er war der Herr des Lichts, ob er in die Höhe oder in die Tiefe ging. Er wies seine Anhänger auf den Barmherzigen hin und bewahrte sie vor schrecklicher Beschämung, indem er sie auf den rechten Weg führte. Er war ihr Vorgesetzter, bestrebt, sie zur Wahrheit zu lenken, er lehrte sie Aufrichtigkeit, wenn sie ihm gehorchen, werden sie selig. Er verzieh gern ihre Fehler und nahm Entschuldigungen an, und handeln sie recht, so wird Gott den Guten umso gnädiger sein. Kam etwas vor, das sie nicht tragen konnten, so kam von ihm Hilfe zur Stärkung. Während sie so durch Gottes Güte einen Führer in ihrer Mitte hatten, der ihnen den besten

Weg zeigte, dem es leid tat, wenn sie von der Leitung ablenkten, der eifrig wünschte, daß sie auf geradem Pfad wandeln, der liebevoll gegen sie, seine Flügel nie mehr nach einer anderen Seite wendete, sondern ihnen zärtlich alles ebnete, während sie in solchem Lichte wandelten, traf ihn ein Pfeil vom Tode abgesandt, und er kehrte gepriesen zu Allah zurück, und die Engel beweinten und lobten ihn.

Die Hügel des heiligen Landes sehen verwildert aus, weil die gewöhnte Offenbarung ausblieb, alles ist so öde, mit Ausnahme des ihnen angehörenden heiligen Grabes. Er wird schwer vermißt, die flache Erde und der Charkadbaum beweinen ihn, und in seinem Bethause sind die Plätze leer, die über seinen Verlust trauern, der Ort, wo er stand und wo er saß, und an dem großen Orte der Kieselsteine bei Mekka trauern Wohnungen, Vorhöfe, Lagerplätze und Geburtsstätten.

Weine, mein Auge, viele Tränen über den Gesandten Gottes! Ich will nie deine Tränen gestillt sehen. Warum solltest du den nicht beweinen, dessen Wohltaten sich in Fülle über die Menschen verbreiten? Sei freigebig mit Tränen und klage laut über den Verlust eines Mannes, desgleichen nie wiedergefunden wird! Die Vergangenheit hat nie einen solchen Verlust erlitten, und bis zum Auferstehungstage wird niemand wie er betrauert werden. Er war der Nachsichtsvollste und gewährte stets den verheißenen Schutz und gab am meisten, ohne zu beschämen, er verschenkte angeerbtes und erworbenes Gut, wenn andere Freigebige selbst mit ersterem geizten. Sein Ruf war der. edelste, wenn er sein Geschlecht angab, seine Ahnen waren die vornehmsten Herren im Tale Mekka. Seine Pfosten sind die stärksten, sein Ruhm steht fest,

Pfeiler des Ruhmes, sicher gebaut und in die Höhe ragend. Seine Zweige und sein Stamm sind die stärksten, sein Holz ist satt, von Regenwolken genährt, ein gepriesener Herr hat ihn großgezogen, und et bildet sich aus zu höchstem Segen. Durch seine Hand wurde die Lehre der Moslems vervollständigt, die Wissenschaft war nicht mehr verschlossen, der Verstand nicht mehr irregeführt. Ich sage dies, und nur Verrückte und Verworfene werden meine Worte tadeln.

Ich werde nie aufhören ihn zu loben, vielleicht werde ich einst im ewigen Paradiese bei ihm wohnen, bei dem Auserkornen, ich hoffe dadurch in seine Nähe zu kommen und strebe eifrig danach, jenen Tag zu erreichen."

Hassan hat ferner Mohammed in folgenden Versen beweint:

„Warum schläft dein Auge nicht, als wären seine Winkel mit Asche gefärbt? Aus Schmerz über den Geleiteten, der nun hingestreckt liegt; o Bester unter allen, welche die Erde betreten haben, sei mir nicht fern! Möge mein Gesicht dich vor dem Staube schützen! Wehe mir!! Wäre ich doch vor dir auf Bekia-l-Gahrkad begraben worden! Teurer als mein Vater und meine Messer war mir der geleitete Prophet, dessen Tod ich am Montag erlebt habe, und ich wurde nach seinem Tode bestürzt und niedergeschlagen und wünschte nie geboren zu sein. Soll ich nach deinem Tode noch in Medina unter den Menschen leben? Hätte ich doch an jenen Morgen schwarzes Gift genommen, oder wäre Gottes Befehl plötzlich über uns verhängt worden, des Abends oder des Morgens und wäre unsere letzte Stunde gekommen, daß wir dem Guten begegneten, von edlem Stamme und reinen Eigenschaften! O gesegneter Erstgeborner Aminahs, den die Tugendhafte unter dem glücklichen Stern geboren! Du bist ein Licht, das über alle Geschöpfe leuchtet, wer sich von diesem gesegneten Lichte führen läßt, der ist geleitet.

O Herr! vereinige uns mit unserem Propheten in dem Garten, welcher die Augen der Neidischen entfernt, im Paradiese, das du uns bestimmen mögest, o hoch gepriesener, erhabener Herr! Bei Gott, ich werde nie von einem Sterbenden hören, ohne zugleich über den Propheten Mohammed zu weinen.

Wehe den Hilfsgenossen des Propheten und seinem Geschlechte, nachdem er in der Mitte des Grabes verborgen worden. Den Hilfsgenossen wird das Land zu eng, ihr Gesicht ist schwarz geworden, wie Ithmid. Wir haben ihn geboren, unter uns ist sein Grab, und seine großen Wohltaten sind uns nie entzogen worden. Gott hat uns durch ihn geehrt und seine Hilfsgenossen geleitet zu jeder Stunde des Zusammenseins.

Gott, die Umgebung seines Thrones und alle Guten seien Mohammed gnädig!"

Hassan hat auch in folgendem Gedichte Mohammed beweint:

„Verkünde den Armen, der Segen habe sie verlassen, am Morgen, als der Prophet sich von ihnen wendete. Bei wem war mein Aufenthalt, bei wem kehrte mein Kamel ein, wer versorgte meine Familie? Wer hat zurechtgewiesen, ohne daß wir Unheil befürchteten, wenn die Zunge irrte oder strauchelte? Er war die Flamme und das Licht, dem wir folgten, nach Gott, er war unser Aug' und unser

Ohr. Hätte doch Gott am Tage, als man ihn im Grab verbarg und Erde darüber warf, keinen von uns zurückgelassen, so daß nach ihm kein Mann und keine Frau mehr lebte! Gebeugt sind die Nacken der Benu-l-Naddjar - so hatte es Gott verhängt. - Die Gabe wurde unter allen Menschen verteilt, aber die meisten zerstreuten sie nutzlos, ohne Hehl."

Hassan Ibn Thabit hat endlich noch über Mohammeds Tod gedichtet:

„Ich schwöre bei Gott einen wahren, nicht falschen Eid, es war unter allen Menschen, die je ein Weib getragen und geboren, keiner so eifrig für Gottes Sache, als der Gesandte, der Prophet und Führer seines Volkes. Kein Geschöpf Gottes war dem Schuhgenossen treuer und erfüllte pünktlicher sein Versprechen, als der, welcher unsere Leuchte war und unser Segen, der Gerechte und zum Gerechten Führende. Deine Frauen verlassen ihre Wohnungen und schlagen keine Pfähle mehr hinter den Zelten ein. Wie Mönche kleiden sie sich in Lumpen, denn sie erkennen ihre Not nach offenbarem Wohlstand. O Bester der Menschen! Ich befand mich in einem Flusse und bin jetzt wie ein Durstiger, Verstoßener."

Editorische Notiz:

Der Text der vorliegenden Edition folgt der Ausgabe:
Das Leben Mohammeds nach Mohammed Ibn Ishak und
Abd el Malik Ibn Hischam, Berlin und Wien 1916.

Der Text wurde aus Fraktur übertragen. Die Orthographie
wurde behutsam modernisiert, grammatikalische Eigenheiten bleiben gewahrt. Die Interpunktion folgt der Druckvorlage.

www.ingramcontent.com/pod-product-compliance
Lightning Source LLC
Chambersburg PA
CBHW021735220426
43662CB00008B/872